W0200697

Lothar-Günther Buchheim

PARIS–PARIS

Lothar-Günther Buchheim

PARIS – PARIS

Buchheim Verlag, Feldafing

Dieses Buch erschien 1977 erstmals im Verlag R. Piper & Co.
Im Text ungekürzte Ausgabe

Umschlaggestaltung und -foto: Lothar-Günther Buchheim
Herstellung: Druckerei Fritz Kriechbaumer, Taufkirchen
Buchheim Verlag, Feldafing
Printed in Germany. ISBN 3-7659-1055-4

»Your beautiful book on Paris (my time too almost!) came a few days ago. It seems like an immense labor and a labor of love...the photos – what tender memories they evokat! Thank you, dear friend, thank you with all my heart for this wonderful gift.«

(Henry Miller 1977)

»Buchheims Bilder sind ohne Gewalt. Sie stammen von einem, der mit dem Alltag der Franzosen leben wollte, nichts weiter, friedlich, bürgerlich, freundlich, menschlich. Niemand auf seinen Bildern aus dem Krieg hätte den Krieg gewollt.«

(Wolfgang Koeppen)

In der Dunkelkammer

In dem Holzkoffer mit den alten U-Boot-Filmen fand sich eine Schachtel, auf der mit Bleistift »Paris« stand. Nach den U-Boot-Filmen vergrößerte ich auch diese alten Agfa-Filme.

Bilder, die vor 35, 30, 25 Jahren durch das Öffnen des Verschlusses sich auf den Film übertrugen, wurden jetzt zum erstenmal als Positiv in der Entwicklerschale sichtbar. Im Funzellicht der Dunkelkammer wuchsen mir aus der Lösung Plätze und Straßen entgegen, die es so nicht mehr oder überhaupt nicht mehr gibt. Autos, die in Wirklichkeit längst Schrott sind, fahren einsam über weite, menschenleere Plätze. Huren stehen vor Bretterwänden mit Plakaten, die für längst pleitegegangene Firmen werben, die Kleider sind aus der Mode oder schon wieder aktuell.

Historische Bilder – aber ich habe sie selber fotografiert. Existentieller Schock: Auch ich bin um drei Jahrzehnte älter geworden.

Die Arbeit hält mich gepackt. Von diesen Filmen gibt es nicht einmal Kontakte. Ihr Geheimnis wollen sie auch jetzt nicht gleich offenbaren. Ich sehe auf dem Negativ einen verquollenen dunklen Fleck. Was mag das nur sein? Ein Fehler im Film? Ich schiebe den Filmstreifen unter die Maske und habe meine Schwierigkeiten, weil das Zelluloid – viel dicker als das der neuen Filme – widerstrebt: Es will seine alte Lage behalten, ein eng aufgedrehtes Röllchen bleiben.

»Was soll das Sträuben?« rede ich dem Film zu. So – und nun das Papier belichten und hinein damit in die Entwicklerschale. Ganz allmählich entsteht auf dem Papier eine Plasmawolke. Eine Landschaft? Aber am Unterrand sind doch Köpfe . . . Die Wolke erhebt sich unmittelbar aus einem der Köpfe . . . ich hab's: Das ist ein Feuerschlucker! Einer dieser Straßenartisten, die damals auf den großen Boulevards ihre Arenen aus einem Kreis geduldig wartender Zuschauer bildeten.

Und plötzlich höre ich, während mir aus der Entwicklerschale das Bild nicht richtig entgegenkommen will und ich schon fürchte, daß ich im Vergrößerungsapparat zu kurz belichtet haben könnte, dann aber doch merke: hier kann gar nichts mehr kommen, denn ich stehe ja im Nebel – plötzlich höre ich durch den lichten Nebel hindurch, in den hinein ich damals fotografierte, um die Conciergerie als geschlossene Masse aufs Bild zu bekommen, das Blöken eines Saxophons, und ich mache noch einmal dem Saxophonblöken entgegen zwanzig Schritte in den Dunst hinein, und da sitzt mein Neger wieder auf der Bank am Fluß an diesem Sonntagmorgen und blökt sein Mississippi-Lied, und ich geselle mich zu ihm und frage ihn, als er endlich absetzt und sich vor Kälte schüttelt und seine Hände gegeneinanderschlägt, was ihn denn dazu treibe, hier in diesem kalten Nebel an der Seine zu hocken und Saxophon zu blasen, und ich habe auch gleich seine Antwort wieder im Ohr: »Les voisins!« – die Nachbarn.

Diese Dunkelkammerarbeit ist für mich der schiere Spiritismus. Sie hat etwas Übersinnliches: Wie aus Rauch formen sich unter meinen Händen Bilder. Magie. Die beschwörenden Hände – sie machen ja tatsächlich zwischen dem Objektiv des Vergrößerungsgeräts und dem Fotopapier Bewegungen wie über der Kristallkugel. Die Dunkelkammer – die Zauberkammer.

Das Bild ist, wenn ich im Vergrößerungsgerät belichtet habe, schon auf dem Papier, aber man sieht es nicht. Wie man zur Entzifferung einer Geheimschrift Tinkturen braucht, so brauche ich mein Entwicklerbad, um das Bild sichtbar zu machen. Warum hat nicht längst ein moderner Artist Papier belichtet, aber nicht entwickelt, sondern das Ergebnis, das nicht sichtbar vorhanden ist, ausgestellt? Des Kaisers neue Kleider gehören doch in jede moderne Kollektion.

Was kann ich an Zauberspuk nicht alles vollführen! Ich bin Herr über das Bild, kann nachbelichten, »hochkitzeln«, zurückhalten, dämpfen. Ich könnte sogar Zigarettenqualm darüber hinblasen – und was es sonst noch alles an Tricks gibt.

Ganz durchschauen lassen sich die Vorgänge, die das Bild erbringen, auch vom Nüchternsten nicht. Die Newtonschen Ringe, die als geisterhafte Halos über Köpfen erscheinen oder wie Rauch aus Mündern quellen, behalten ihr Geheimnis. Ich bin in der Dunkelkammer auf Entdeckungsreise. Der Vergrößerungsapparat ist meine Zeitmaschine.

Die Zeitmaschine dreht sich rückwärts: Ich bin wieder fünfundzwanzig Jahre alt, habe meine Contax II vor der Brust, Agfa-Isopan-Filme und einen winzigen Belichtungsmesser in der Tasche – für die Matrosenhose ist er schon zu groß, sie beult sich aus. Ich fahre zum erstenmal in Paris ein. Auf der Ladepritsche eines Zweieinhalbtonners der deutschen Kriegsmarine hockend starre ich achteraus. In einem Dreiecksausschnitt, der sich aus den zurückgeschlagenen Planen und der achteren Planke bildet, flüchten Straßenzüge von mir weg: Noch jedes Firmenschild wird mir zur Offenbarung. Ich hocke da und starre auf den dreieckig beschnittenen Film. Die Erregung von damals hält mich wieder gepackt. Die Jahre, die dazwischen liegen, sind eliminiert. Die Bilder, die mir aus der Entwicklerschale entgegensteigen und die Bilder, die die Netzhaut damals aufnahm, sind die gleichen: Alles ist wie eh und je. Diese Gleichheit hebt – so scheint es mir – die Zeitdistanz auf.

Was für eine verrückte Situation: in der engen feuchten Dunkelkammer zu stehen und dabei mit süchtigen Augen nach Paris hineinzufahren.

Ich sehe, während sich meine Hände, ohne daß ich mir dessen richtig bewußt bin, mit präzisen Griffen rühren, die Stationen dieses Wegs.

Die neuen Bilder vor mir, trage ich Ascheschichten ab, um zum Kern der Erinnerung zu gelangen. Dabei gibt es manche Überraschung. Auf einem Bild, das ich an einem 14. Juli aufgenommen habe, trägt ein Kellner die Vichy-Flasche auf dem Kopf. Im Sucher habe ich das damals nicht gesehen. Jetzt erst entdecke ich den Juxkellner.

Ich bin high. »Voll angemacht.« Ich entdecke mit meinen alten Fotos mich selber. Sie sind in verschiedenen Jahren gemacht. Einmal war ich 27, dann 30. Wie alt hier? Ich gerate mit mir selber durcheinander. Welcher bin ich? Der oder der? Warum hat dieser junge Mann diese Fotos gemacht?

Dreißig Jahre? Fünfunddreißig sogar – eine lange Zeit. Zwei Generationen.

Viele Bilder sind im Krieg entstanden, zu verschiedenen Zeiten. Was veranlaßte mich zum Fotografieren? Verband ich damit konservatorische Absichten? Wollte ich durch Bilder retten, was mir vom Untergang bedroht erschien? Aber damals gab es ja kaum Aussicht auf eine Weiterexistenz. Unser Pessimismus war groß. Die Zeiten waren nicht danach, daß sie einem Hoffnung gaben, man könnte auf alles Eingeheimste eines Tages zurückgreifen. Leben von heute auf morgen. »Genieße den Krieg – der Frieden wird furchtbar« – das kennzeichnete recht gut die Stimmung.

In der Entwicklerschale, wenn auch nur klein und in Rückenansicht, die Kriegskameraden. Die Erinnerungen tragen mich wieder: Ich stehe mit dem Kameramann Hundhausen – wir beide als Kriegsberichter in Kieler Matrosenanzüge verkleidet – vor den Folies-Bergères, und ich erkläre ihm, der sonst in Afrika Kulturfilme zu drehen pflegt und die französischen Anschläge nicht lesen kann, daß leider die Vorstellung nicht stattfinden könne, weil am eisernen Vorhang gearbeitet werde.

Da erscheint ein Major hinter uns und betrachtet ebenfalls die Nackedeis auf den Fotos. Ich sehe den Marineartilleristen Hundhausen – höchstens einsfünfzig groß, dick und mit Hitlerbärtchen – herumschießen, die Hacken zusammenschlagen, forciert salutieren und höre ihn mit angestrengter Kastratenstimme hervorstoßen: »Bitte Herrn Major gehorsamst melden zu dürfen, daß Vorstellung wegen Herunterfallens eisernen Vorhangs nicht stattfindet!« Und das in totalem Ernst – in einer Art von plötzlichem militärischen Rappel.

Und ich sehe, wie demselben Mann, dem nachgesagt wird, er habe recht eigentlich Narvik erobert, weil er als erster am höchsten Punkt mit seiner Arriflex erschien, um eine »Totale zu schießen« – ich sehe, wie ihm zu seiner allergrößten Überraschung vor der in einem Stadtpalais in der Nähe des Trocadéro auf Teppichen und zwischen Gobelinwänden angetretenen Einheit das Eiserne Kreuz verliehen wird. Jede Einzelheit dieser Pat-und-Patachon-Szene ist wieder da: der aufgeblasene Kommandeur – ehemaliger Gauredner – als Pat und mein Kameramann als Patachon, der nach dem Anheften und dem obligaten Handschlag in seinem über den militärischen Komment obsiegenden Sensus für Schicklichkeit ausruft: »Herr Kapitän, ich bin entzückt!«

Ich sehe mich mit ihm zwei Mädchen mit heftiger Kriegsbemalung auftun und diese in der Gegend der Place du Tertre zum Essen einladen und sein tiefunglückliches Gesicht, als sie die teuersten Gerichte wählen, und seine Verzweiflungsmiene, als ich ihm später klarmache – die Damen hatten sich zur Auffrischung der Bemalung zurückgezogen –, daß mit dem Wiedererscheinen der Holden nicht gerechnet werden könne, das Lokal habe nämlich einen zweiten Ausgang.

Ich habe diese alten Filme jahrzehntelang niemandem gezeigt. Die Kameraden von ehedem hätten wohl nur ein Kopfschütteln für meine tristen Straßen gehabt. Solche Fotos waren nicht zeitgemäß: Ich hätte Paraden, Glanz und Glorie der Okkupanten und »Les Monuments« fotografieren müssen.

Ich kann also kaum Pläne mit diesen Fotos gehabt haben. Das waren keine Zeiten für Pläne. Wenn ich jetzt fotografiere, habe ich stets meinen Plan im Kopf. Drei-, viermal auf den Auslöser gedrückt, und schon ist der Plan für ein Buch oder eine Reportage da.

Wollte ich etwa für irgend jemanden Spiegelbilder meiner Existenz bewahren? Oder sind meine Fotos aus dem Krieg und der unmittelbaren Nachkriegszeit etwa doch der Beweis einer starken Hoffnung, die ich mir nur nicht eingestehen wollte? Ein atavistischer Ausdruck also mit modernen Mitteln? Jagdzauber? Eichhörnchenmentalität? Vielleicht beides. Kunstambitionen hegte ich bestimmt nicht. Fotoästhetik? Der Begriff war noch nicht üblich.

Sosehr ich mir auch den Kopf zerbreche, finde ich doch nicht heraus, was mich damals antrieb.

Bis diese Fotos endlich sichtbar wurden, hatten sie eine lange Inkubationszeit gebraucht. Aber jetzt setzt sich die Neugier auf Hunderte von nie kopierten und vergrößerten Filmen in Bedrängnis und in Hast um. Ich hungere danach, mehr, immer mehr zu sehen. Und heute sage ich mir sogar: Wenn ich doch tausend Bilder mehr gemacht, die Kamera doch nur immer mitgeschleppt hätte! Gleich ermahne ich mich: Nie mehr ohne Kamera losgehen. Auf Teufel komm raus neue Depots anlegen. Und wenn ich sie schon selber nicht mehr wieder aufspüren werde, weil es zu viele geworden sein werden – irgendeiner wird sie schon finden.

Ich muß daran denken, wie schwierig damals das Fotografieren war. Der Fotoapparat war noch kein übliches Accessoire. Entweder hatte ich keine Kamera zur Hand, oder es gab keinen Film. Es war schließlich Krieg oder Nachkrieg. Wer hätte meine Aufnahmen kopieren, wer sie vergrößern sollen? Es gab kein Fotopapier.

Und später? Zu faul? Nein, das war es nicht. Daß ich die Filme nicht ausarbeiten wollte, hat etwas mit dem »chef d'œuvre inconnu« zu tun. Im Hinterkopf wußte ich ja immer: Ich habe diese Bilder! Sie sind zwar nicht visibel, aber eben doch vorhanden.

Ich sehe mich dasitzen, wieder der Detailsucht frönen, die Seine groß in den Blick nehmen und dann den lieben Gott einen guten Mann sein lassen – keine Gedanken zurück und auch keine Pläne, kein Wunsch nach einem Fazit, allenfalls der Wunsch, Hunderte von Filmen speichern zu können. Von jedem Erlebnistag einen. Die Rollen dicht bei dicht in Regalen vom Boden bis zur Decke stapeln, ein Zimmer nach dem anderen damit füllen. Datum auf jeder Rolle. Später dann durch hundert Zimmer gehen, hier und da verweilen, ein paar Daten ablesen – aber nicht etwa die Streifen aus den Schachteln nehmen und kopieren. Das nicht. Es einfach genießen, sie vorhanden und parat zu wissen – wie Bücher.

Plötzlich spüre ich wieder den brennenden Wunsch: die Uniform vom Leibe zu reißen. Was für ein Hochgefühl war der Klamottenwechsel in Paris! Kaum im Hotel angekommen, verwandelte ich mich auch schon in einen Zivilisten. Sich wie ein normaler Mensch bewegen, Arme baumeln lassen, aus der Hüfte laufen, den Schultergürtel locker halten, den Krampf lösen – auf all das forcierte Gehabe pfeifen. Die Franzosen beim Räsonieren über die deutsche Wehrmacht belauschen – was für ein Spaß!

Und abends im »Bobino« – was bekam ich da alles spitz dank meiner Argot-Büffelei!

Von manchen Fotos sagt man, sie sähen aus wie gemalt, wenn man ihren Stimmungscharakter rühmen will – Gemaltes wiederum wie fotografiert, wenn man die Genauigkeit hervorheben will. Immer wieder wird zwischen Fotografie und Malerei verglichen, Malerei und Fotografie dicht nebeneinander gesehen. Dabei sind beider Prinzipien grundverschieden. (Daß es so viele malende Fotografen und fotografierende Maler gibt, darf darüber nicht hinwegtäuschen.) Ich habe meine eigenen Erfahrungen: Wenn ich auf Malerreise gehe, kann ich nicht fotografieren, wenn ich auf Fotos aus bin, nicht malen. Mein Auge empfängt anders, je nachdem, ob ich malen oder fotografieren will.

Im Paris des Kriegs und Nachkriegs mochte ich mich auch nicht, mit der Uniform am Leibe und dem Skizzenblock in Händen, auf die Straße stellen. Die Kamera erlaubte schnelleres Agieren. Jetzt heißt das: »Die Medienqualität der Fotografie ist ungleich höher als die der Malerei.«

Heutzutage macht man für meinen Geschmack zu viel Theater um das Ästhetische an Fotografien. Wenn ein Foto als Kunstwerk gesehen werden will, ist es mir allemal verdächtig. Es soll erzählen, die Kunst darf nur gratis mitgeliefert werden.

Ich betrachte die nassen Vergrößerungen, die ich an die Wand geklitscht habe, gerne. Ich bin mit ihnen d'accord. An einigen kann ich mich sogar delektieren. Ich mag diese Befunde: keine Esoterik, kein Irrationalismus und keine billigen Tricks.

Fotos interessieren mich auch heute nur, wenn sie »Selleriebilder« sind (»Sellerie« ist eine in der Familie übliche Verballhornung von »c'est la vie«) – also Bilder, die, hochgestochen ausgedrückt, etwas über die »condition humaine« mitteilen: »Selleriebilder« eben.

Mit dem Kunstanspruch sollte man sich nicht zu weit vorwagen. Die Fotografie ist eine quasi instrumentale Kunst und schon deshalb keine »art pur«. Sie läßt Manipulationen, Zufallsergebnisse zu, stellt dem Zufall sogar Fallen. Ich empfinde gelungene Fotografien als eine Art unverdienter Geschenke. Geschenke aus der Hand des Zufalls darf man wohl entgegennehmen, aber sich nur mit einer gewissen Reserve aneignen. Wenn man sie freilich als eine Belohnung für Geduld und Hingabe akzeptieren darf, stehen sie einem schon besser an.

Die allgemeine rückwärtig gewendete Nostalgie ist es bestimmt nicht, die mich in Schwung bringt. Fortschrittseuphorie, aus der sie sich ableitet, habe ich nie gehabt.

Die Fotorenaissance geht mich nichts an. Auch ohne die moderne Zuwendung zur Fotografie hin hätte ich meine Filme hervorgekramt. »Nachlaßordnen« heißt das bei mir. Ich lebe nun mal halb im Gegenwärtigen und halb mit dem Blick zurück. Es muß wohl ein kreatürliches Bedürfnis sein, das mich dazu treibt, mein Eingeheimstes (das Eingemachte!) zu ordnen und wenigstens in Teilen sichtbar werden zu lassen. (Ich spiele nicht nur mit alten Negativen herum, sondern auch mit wirklichen Spielzeugen, die ich vor dreißig Jahren erfand und mit den eigenen Händen machte.)

Höchst merkwürdig, daß im Ansturm der Amateurfilmerei die Klickkamera nicht veraltet ist, ja daß sogar die Schwarzweiß-Fotografie gegen die konfettibunte Flut der Farbbilder eine Wiedergeburt erlebt.

Ich plädiere sogar nachdrücklich fürs Schwarzweiß. Meine Erinnerung funktioniert nur schwarzweiß – ich glaube, ich träume nur schwarzweiß.

Ich habe immer schwarzweiß fotografiert – also graue Bilder. Paris und Grau – das sind für mich Synonyme. Diese feingestuften Grautöne der Häuserfronten vom Schwarzgrau der verrußten Wände bis zum blanken Weiß neuer Gipsstellen.

Die Straße von der Place Saint-Germain-des-Prés zur Seine – eine dunkle Schlucht in Grau, in die hinein, als wären sie mit ihrem Grün schon zu bunt, die Omnibusse verschwinden. Gewitterhimmel darüber: schwere Wolken aus schwarzer Tusche – alles für den Schwarzweiß-Film.

Das Wetterspiel über der Place de la Concorde – ganz in Schwarz und Grau. Leslie Caron, Gene Kelly – hießen die nicht so? Damals wurde ein buntes Paris entworfen – ein amerikanisches, nicht meins.

Mein Paris – das sind der Kanal Saint-Martin und seine Schleusen, die Lastkähne vor aussätzigen, schmalbrüstigen Hotelfronten. »Quai des brumes«-Stimmung . . .

Wie wenig durchsonnte Bilder ich gemacht habe. Damals, also vor rund dreißig Jahren, fotografierte man kaum ohne Sonne. – Damals? Ich habe gerade erst im Wirtschaftsteil meiner Zeitung gelesen, daß das Kamerageschäft und das Filmgeschäft miserabel waren: Die Sonne hätte in diesem Frühjahr gefehlt.

Mein Paris, das sind die düsteren Bondieuserieläden rings um die Place Saint-Sulpice, aus deren Schaufenstertiefen im Vorübergehen der Straß auf einer Soutane blitzt, der Rand des Meßkelches oder die Steine einer Monstranz.

Mein Paris ist ganz und gar graugetönt, voller geheimnisvoller Zeichen an abblätternden Wänden zwischen fragmentarischen Reklameschriften. Es ist ein Winter-Paris mit stiebendem Regen, mit Straßen trist wie Filmdekors, unwirklich in ihrer Verlassenheit und nachts schlecht beleuchtet und gänzlich menschenleer: Echostraßen.

Bei meinen Geisterbeschwörungen mache ich immer neue Entdeckungen. Ich finde hier ein Haus, das ich kenne, dort eine ganze Straße, die mir vertraut scheint, eine Passage, in deren winzigen Lädchen ich Fastnachtslarven kaufte – alles Fixpunkte, von denen aus die Erinnerungen weiterschweifen können. Ich postiere auf ihnen Radarschirme, die sich drehen, bis sie neue bekannte Objekte entdecken. Nach und nach vervollständigen sich meine Erinnerungen.

Aber manche Bilder geben mir Rätsel auf: Wo war das? Wann habe ich das gemacht? Warum? Manches Negativ bleibt magisch verschlüsselt wie alte vergilbte Notizzettel mit meiner eigenen Handschrift. Auch angesichts dieser Notizen muß ich mich oft fragen: Was bedeutet das? Jetzt halte ich wieder Wirklichkeitspartikel in Händen, aber wo ist der Bezug?

Mit großen Schritten kommt mir ein Pfaffe mit wehender Soutane und flachem Pfaffenhut, der den bretonischen Hüten gleicht, entgegen. Aber der Pfaffe war es nicht, der mich interessierte, sondern die schäbige Brandmauer rechts, die als Riesenschrift untereinander über die ganze Fläche verteilt die Wörter »Paris sera toujours Paris« trägt.

Wer hat diese Schrift angebracht? Um Reklame kann es sich nicht handeln. Eine Botschaft also? Eine gegen die Okkupanten gerichtete Provokation gar? Heißt dieser Text: ausharren!, heißt er: Die Okkupanten werden wieder verschwinden, aber Paris wird bleiben?

Ich halte die nasse Vergrößerung mit ausgestreckten Armen zum genauen Betrachten vor mich hin. Ohne Gerüst ließe sich so eine Riesenschrift nicht anbringen. Über Nacht kann das kaum einer pinseln. So leicht wie heutzutage mit den Spritzbüchsen waren damals Mauerschriften nicht anzubringen.

Das Negativ ist schlecht. Viel zu dünn. Ich muß meine Vergrößerungen wiederholen, muß sie mit warmem Wasser hochkitzeln, damit die Schrift noch deutlicher erscheint. Später, als die Vergrößerungen sich zu mehreren knisternd vom spiegelblanken Blech der Hochglanzpresse lösen, und ich sie auf das Zeitungspapier am Boden breite, fügen sie sich wie von alleine zu einer Montage: die Schrift vielfach nebeneinander. In der Repetition liegt Kraft, sage ich mir, und lasse die Zufallskonstellation gelten.

Ich fixiere sie mit Klebefilm. Bei meiner nächsten Reise nach Paris werde ich in dieses Viertel gehen und nachforschen, was es mit dieser Wandschrift auf sich hatte. Vielleicht war es doch nur eine Reklame? Vielleicht hieß eine Revue so? Aber Revuereklame in diesem schäbigen Viertel?

Auch andere Bilder weisen über das unmittelbar Fixierte hinaus. Sie haben eine Bedeutung.

Auf dem Tableau des alten Reklameläufers (Sandwichman) steht das Wort »Musik« und nicht »Musique«. Die Werbung wandte sich also nicht, wie der flüchtige Blick wähnen läßt, nur an Franzosen. Für die deutschen Besatzer schrieb der Schildermaler »Musik«. Ein Bild also aus dem Krieg. Ich muß nur genau hinsehen, dann geben sich noch mehr Bilder als Szenerien der Kriegszeit zu erkennen: Ich entdecke Wehrmachtsnummern an den Autos, Aufrufe an die Bevölkerung an den Plakatwänden. Und wenn ich die Bilder noch genauer abtaste, finde ich einen Kradmelder im ausgedünnten Verkehr, einen Feldgendarm ganz klein unter den Passanten.

Damals habe ich, wenn die Besatzer ins Bild kamen, weggeguckt – auch mit der Kamera. (Nur die bombastischen Aufzüge auf den Champs-Elysées habe ich in endlosen Sequenzen fotografiert.)

Beim Vergrößern der Nachtbilder fällt mir ein Stück Max Ernst ein: »L'aspect nocturne de la Porte Saint-Denis ...« Ich hätte mehr Nachtbilder machen, Brassaï zum Vorbild nehmen sollen. Doch Brassaï kannte ich damals nicht. Meinen Filmen wollte ich nicht trauen, ein Stativ hatte ich nicht. Ich staune, daß einige meiner Bilder denen von Atget ähneln. Auf dem Vergrößerungstisch erscheinen Straßen und Plätze, für die auch gelten kann, was Walter Benjamin über Atgets Motive schrieb: »... ausgeräumt wie eine Wohnung, die noch keine neuen Mieter gefunden hat.« Aber Atget hatte ein Vorhaben, er wollte mit seiner Stativkamera eine Dokumentation von Paris machen – zehntausend streng nach Genres getrennte Plattenaufnahmen: Straßen, Plätze, Höfe, Caféterrassen, Parks, Schaufenster, Ladenschilder – aber auch Händler, Handwerker, Freudenmädchen.

Alles auch meine Themen – aber ohne Vorsatz.

Damals, als ich die Bilder machte, wußte ich nichts von Atget. Ich hatte überhaupt keine Vorbilder. Ich wollte nicht »Gegenwart als Vergangenheit beschwören«, hatte nicht Archäologie im Sinn, nicht die Besichtigung künftiger Ruinen. Dabei sind viele der Straßen und Häuser, die ich fotografierte, inzwischen gänzlich verkommen und verfallen, und viele gibt es heute nicht mal mehr als Ruinen. Der Fortschritt hat ihnen den Garaus gemacht mit seinen Bulldozern, diesen Ungeheuern wie aus Fieberträumen.

Wenn ich jetzt nach meinen Fotos die Straßen von damals suche, finde ich manche nicht mehr. Der Riesenkrater inmitten der Stadt hat sie verschluckt, oder die verrückte Museumsmaschine steht dort, das Musée Beaubourg mit seinen poppigen Anstrichen, die auf das Grau von Paris wie ein Faustschlag treffen.

Ich bin nie aufs Fotografieren »aus«-gewesen. Meine Bilder entstanden allemal »à l'occasion«, »en passant« – oder wie immer man solches gelegentliche Fotografieren nennen will. Es sind immer nur »images à la sauvette« (Bilder im Weglaufen – so nannte Cartier-Bresson eine Sammlung seiner Fotos).

Die alten Filme zeigen besser als die Einzelbilder das Okkasionelle: Keiner wurde auf ein einzelnes Thema verwendet. Alles mögliche findet sich da nebeneinander: Bilder französischer Hafenstädte, wenige Urlaubsbilder, die Küste bei Fécamp ... Kein einziger Film, der nur Bilder von Paris zeigte. U-Boote im Dock, bärtige Gesichter – dann wieder Paris, dann bretonische Calvaires.

Spurensicherung. Ich bin mir selber auf der Spur. Ich könnte, wenn ich mir die Mühe machte, von den Filmen alle meine Ortswechsel in jener Zeit ablesen und etwa – wie ein Detektiv auf eigener Fährte – feststellen, wie oft und wann ich in Paris, in München, in Brest, in Berlin war.

Ein Filmstreifen mit Bildern von Paris beweist mir, daß ich während des Krieges auch in Bordeaux gewesen bin. Meine Erinnerung hat davon nichts bewahrt – nur dieser Film. Auch haben sich Leute gemeldet, denen ich vor mehr als drei Jahrzehnten in Bordeaux begegnet bin. Wenn ich sie fotografiert hätte, wüßte ich jetzt von ihnen, so aber kenne ich nur ihre Telefonstimmen. Vielleicht – und jetzt schweife ich erheblich ab – war ich kürzlich in einem Kreis von Redakteuren aufgrund solcher Erfahrung der einzige, der einem ausgeflippten Industriellen Glauben schenken konnte, als der seine Story erzählte: Er habe vor zwei Jahren an der Côte d'Azur für mehr als zwei Millionen Goldbarren vergraben und finde sie nicht wieder. Dieser gehetzte Psychopath, ganz von Angst vor Deutschlands wirtschaftlichem Ruin zerfressen, sagte sicher die Wahrheit.

Die vertrackten Bilder aus Bordeaux – sie sind auch Indizien für unseren Zustand damals: Wir waren eben »durch den Wind«.

Ich hocke da, den Blick auf die strotzenden Herakleen vor der großen Scheibe meines Ateliers gerichtet. Ein Riesenaquarium mit chinesischen Wunderblumen. Dann entdecke ich die Bienen auf den breiten Blütenschirmen. Die Bienen lassen die Wasserpflanzen zu Urwäldern mutieren.

Wie soll ich heute über Paris schreiben? Was schreiben? Ich kann kein Fazit anbieten. Nur erzählen vom visuellen Erleben eines anderen, von Dutzenden von Burschen meines Namens.

Mit den Filmen finde ich Notizen, die ich nur mit Mühe dechiffrieren kann. Vergilbte Blätter mit winziger fahriger Bleistiftschrift bedeckt. Die alten Impressionen vermengen sich, ohne daß ich es recht merke, mit neuen Eindrücken. Alles überblendet sich.

Die Spiegelwände eines Boulevardcafés, die ich vor Jahrzehnten fotografierte, werden mir zum Symbol: Sie sind so kaleidoskopisch wie meine Erinnerungsbilder. Genauso, wie sich hier alles reflektiert, zerstückt, aus der Tiefe nach vorn blitzt, sich vervielfacht oder wegblendet, verhält es sich mit meinen Erinnerungen. Ich weiß ja nicht: Was ist Reflex, was ist nahe, was ist fern, was dringt direkt und was erst nach vielfacher Brechung und Spiegelung wieder in die Augen bis zu mir her?

Wenn ich die Augen schließe, kann ich den Bilderstrom schärfer sehen – die Überblendungen lassen dann nach. Trotzdem weiß ich nicht immer: Was geschah im Krieg, was unmittelbar danach? Ich spüre: Diese Caféterrasse habe ich im Krieg fotografiert – aber die Szenen, an die sie mich erinnert, spielten danach.

Auf dieser Terrasse erlebte mein Malerfreund Egon, ein in Paris heillos verliebter Kauz, gleich zwei seiner vielen Waterloos: Er hatte einer Schönen ein hübsches Abzeichen zum Anstecken abgekauft. Als wir auf die Straße traten, entwickelte sich gerade eine Schlägerei. Die Flics waren im Nu zur Stelle und trieben, in ausgeschwärmter Reihe und mit den weißen Knüppeln wild gestikulierend, eine Rotte Studenten vor sich her. Drei, vier stürzten sich plötzlich auf Egon und verwalkten ihn gründlich – des Abzeichens wegen, wie wir später erfuhren ... – »Schwer geworden, sich auszukennen«, stöhnte Egon nur.

Gleich am nächsten Tag saß er schon wieder einer Hübschen auf: Diese hielt ihm einen Zehn-Francs-Schein hin und fragte treuherzig: »Est-ce que vous avez de la monnaie, monsieur?«

Egon mutmaßte, daß sie Kleingeld fürs Telefonieren brauchte, und suchte aus allen Taschen seine Münzen zusammen. Die Kleine hatte inzwischen den Köderschein verschwinden lassen und konnte sich angesichts der Münzen in Egons Hand vor Begeisterung kaum fassen: Kleingeld – und gleich so viel! Da könnte der Herr auch gewiß ein paar Lose kaufen. Und Egon kaufte tatsächlich die bunten Lappen, die sie ihm jetzt anstatt der Francnote hinhielt: Lose einer Lotterie, die es gar nicht gab.

Doch mein Freund Egon ließ sich in seiner Zuneigung für Paris nicht beirren, sondern malte mit breitem Pinsel die Devise aus dem Wappen der Stadt Paris »Fluctuat nec mergitur« – »Auf den Wellen schwimmen und nicht untergehen« auf sein von vielen Karambolagen zerbeultes, braun gerostetes Auto. Er behauptete, sein verschrottungsreifes Vehikel sei ein besseres Symbol für die geliebte Stadt als der alte, aus dem Siegel der marchands d'eau entlehnte Segler.

»Es hat«, so sagte er, »Vergangenheit, Ehrwürdigkeit, Tradition und bietet zugleich (er hatte als Verdeck eine rotweiß gestreifte Markise aufmontiert) einen überaus malerischen Anblick – wie gesagt: ein besseres Symbol für Paris als das alte Segelschiff.«

Von ihm befeuert war ich sogar bereit zu einem gemeinsamen Hoch auf die Schlamperei von Paris, die Rückständigkeit und die Desorganisation, weil sie uns ein fruchtbarerer Boden zu sein schien als zum Beispiel schwäbische Putzsucht.

Während ich mit meinen Pinzetten hantiere und alles daran setze, um aus schwachen Negativen reproduktionsfähige Papierbilder zu machen, fliegen mich immer neue Erinnerungen an. Jetzt verwandeln sich sogar auf magische Weise Entwicklergeruch und die sonstigen Dünste der Dunkelkammer in Métrobrodem. Ich kann ihn in aller Deutlichkeit erschnuppern, diesen so undefinierbaren, brandig-rostigen Geruch, der sich schon in den Treppenschlünden ankündigt, in den Maulwurfsgängen immer stärker wird und sich auf den Stationen in den Böen, die einem einfahrenden Zug vorausjagen, voll entfaltet.

Wie viele Hunderte, wenn nicht Tausende von Kilometern habe ich unter der Erde von Paris in den schlingernden Kästen der CMP zurückgelegt: Meine Métrozüge ratterten noch richtig, statt auf Luftreifen fast lautlos auf Betonloipen in die Stationen zu gleiten. Meine Métro: in alte Decken gehüllte, vergrämte Billettknipserinnen, bleich wie Kartoffelkeime vom Lichtmangel. Weißgrün gekachelte Stationen, gebauchte, aus vielen Teilen geschickt zusammengeklebte Riesenplakate. Manche Stationen eine wahre Plakatausstellung, und eine Station einmal im Jahr sogar eine Kunstausstellung – aber von der konnte man nicht abfahren: Zum Bahnsteig hin waren Bretterwände aufgestellt und daran hing, was die Angestellten der Pariser Métro im Laufe des Jahres gepinselt hatten.

Mit Paris verbinde ich als einziger Stadt der Welt Geruchserinnerungen. Ich brauche nur »Paris« zu denken und kann schon den Dunst riechen, der auch durch die Roste in den Trottoirs hochsteigt. – Mich schauert noch jetzt, wenn ich an die morgendlichen Métrofahrten nach einer durchwachten Zugnacht denke: die Dunkelheit, nichts im Magen und dann die Körperdünste und irgendeiner, der schon ganze Knoblauchzehen zermalmt hatte.

Die Seine

Wenn ich, wie das in Fernsehsendungen von verdatterten »Kandidaten« verlangt wird, ganz schnell ein Synonym für Paris finden müßte, würde ich »die Seine« sagen. Paris – das ist die Seine. Paris – vor Zeiten eine Insel in der Seine. Fluctuat nec mergitur. Noch heute ist für mich die Seine, wo immer ich mich in Paris bewege, der große Wegweiser: Seineaufwärts geht es nach Deutschland, seineabwärts zum Meer – meine »französischen Richtungen«. (Ich fahre in Frankreich nie nach Süden und auch nicht nach Norden.) Das gesamte Stadtgebiet wird in Paris in linkes Ufer, rechtes Ufer unterteilt – rive gauche – rive droite. Gibt es etwa sonst noch eine Stadt, die sich von einem Fluß in Hälften teilen und diese Hälften dann als linkes und rechtes Ufer benennen ließe?

Wann immer ich in Paris ankam, wo immer ich in Paris wohnte – meine Füße fanden wie von alleine den Weg zur Seine.

Auch als ich das erste Mal nach Paris kam, war es schon wie Wiederentdecken. Ich kannte die Seinelandschaft. Und trotzdem geschah alles in einer ungeheuren Gespanntheit – mit Herzklopfen hoch im Hals.

Für mich stieg das besondere Licht von Paris unmittelbar aus der Seine auf – dieses ganz und gar pariserische Licht, dieses silbrige, perlmuttene Lichtfluten, das alles transparenter erscheinen läßt als anderswo. Die Impressionisten haben es allesamt in ihren Bildern. Im »Jeu de Paume«, wo sie hängen, strömt von ihnen das gleiche prangende Licht her wie draußen vor den Fenstern. Was Wunder, daß ich, wann immer ich an der Seine hinging, Fluß, Quais, Häuser, Bäume, Himmel mit den Augen der Impressionisten sah. Hier ein paar Häuser von Pissarro, dort ein Monetsches silbriges Verschimmern von Dächern und Kaminen in den Himmel hinein – winterlich kahle Bäume vor kaltem Blau von Sisley.

Dali zog über die Impressionisten her: »Erinnern wir uns, daß diese nur mit fast geschlossenen Augen schauten und nur die Musik der Objektivität aufnahmen, denn nur diese allein konnte durch ihre halbgeschlossenen Lider hindurchfiltern.« – »Nur diese allein« – als ob das so Geschaute so wenig gewesen wäre, als ob die Impressionisten nicht doch auf ihre höchst subtile Art das Erschaute transformiert hätten. Ihr Blinzeln meinte doch etwas anderes, als Dali wahrhaben will: Sie wollten, um ihr Bild bauen zu können, erst einmal die großen Massen erkennen. Und das tut man am besten mit Blinzeln. Damit schafft man das Kleingefüge weg. Jeder kann das ausprobieren. Ich blinzele sogar beim Fotografieren meine Motive an, ehe ich mich entscheide, ob ich auf den Auslöser drücke oder nicht. Sehen als aktiver Vorgang – Dali hielt offenkundig nicht viel davon. Für ihn war Sehen »ein vollkommen neues System geistiger Feldvermessung . . . eine Art des Erfindens.« Wenn es aber so viele Arten des Sehens gibt, kann es auch kein objektives Sehen geben. Der alte Streit, was besser, was origineller sei – diese oder jene Art des Sehens –, ist müßig.

Alle Stimmungen, die meine Erinnerung von Paris bewahrt, sind mit der Seine verbunden: Frühling in Paris – das ist Knospenaufbrechen der Bäume an der Seine. Sommer – das ist grünes Blätterprunken und die Ile de la Cité als Aquarell von Signac mit schlängelnden Spiegelungen zwischen den Lastkähnen. Herbst – das sind feuchte schmierende Blätter auf dem Katzenkopfpflaster der Quais. Und Winter: schwarzweiße Graphiken mit dunklen starrenden Rutenbündeln und den grazilen Eisenbögen des Pont des Arts, vermummte Angler, erstarrt, wie sie Seurat zeichnete, und mein schwarzer Saxophonbläser im Frühnebel.

Ich komme von dem Bild nicht los: Ich stand in der Morgenkälte eines Herbsttags auf dem Seinequai, den Blick seineabwärts auf Notre-Dame gerichtet. Ich sah die damals noch dunkelgraue Kathedrale also von achtern. Kirchenschiff: Der Name war auf einmal sinnfällig. Da lag ein wirkliches Schiff auf seiner Werft im Dunst, von Stützbalken im Lot gehalten. Aus dem Nebel heraus bekamen die Schemen der Lastkähne Substanz. Wie große schwarze Särge glitten sie auf den Hadesgewässern dahin. Die Seine-Ufer verloren sich im Dunst – ich war am Meer. Und plötzlich blökte und dudelte dieses Saxophon. Ich bekomme eine Gänsehaut, wenn ich an meinen schwarzen Saxophonisten denke: Wie er da an diesem Sonntagmorgen mit hochgeschlagenem Mantelkragen auf einer Kiste hockte, die nebelnde Seine direkt vor den Füßen, und mit klammen Fingern die Klappen drückte. Kein Mensch weit und breit. – Das dumpfe Dudeln geht mir noch jetzt durch und durch, ich spüre es mit dem Zwerchfell, mit den Magenschleimhäuten ›le velours de l'estomac‹. Ich muß die Töne sich lösen lassen zu geschmeidigen Sequenzen und Kapriolen, damit meine Haut sich glättet. – Eine schwarze Schaluppe erscheint unter den Gitterbögen des Pont des Arts mit einem statuarisch starren Bootsmann wie eine Galionsfigur über dem silbern gepönten Anker. Im Vorübergleiten nimmt er beide Hände aus den Hosentaschen und winkt mit weit ausholenden Armschwüngen herüber, und plötzlich fährt in das Geblöke des Saxophons die scharfe Schiffssirene, und nun winkt auch der Kerl im Ruderhaus, von sich selber begeistert, herüber.

Das schwarze Filigran der Äste und der Eisenkonstruktion des Pont des Arts. Zur Fülle der Lineamente fehlen nur die Angelruten. Das Frühjahrshochwasser hat die Anglerphalanx von den Quais geworfen. Sightseeingboote, die an diesem Landesteg anlegen könnten, gibt es längst nicht mehr.

»Die Quais sind der Inbegriff der Poesie«, hieß es einmal. Jetzt sind sie eher Rennstrecken und man hat seine liebe Not, wenn man auf die Flußseite gelangen will. Zum Pont des Arts will ohnehin niemand mehr: Er ist wegen Altersschwäche gesperrt.

Als ständige Statisten im wechselnden Spektakel Paris figurieren die Angler, die Maler und die Bouquinisten auf den Quais. Die Bouquinisten und die Maler machen freilich mehr Beute als ihre Genossen mit den Bambusruten. So oft ich den Anglern auch schon zusah – mit halbem Blick und selber malend oder fotografierend –, habe ich sie doch nie einen mehr als handspannengro-

ßen Fisch aus dem trüben Wasser ziehen sehen. Was läßt sie nur halbe Tage hier ausharren? Wenn die Seine Hochwasser führt, mißt die Verwaltung den Wasserstand am amtlichen Pegel, die Pariser aber an dem Brücken-Zuaven, dem, wenn es ganz schlimm kommt, das Wasser bis zum Hals steigt. Der Zuave kann nicht weg – er ist aus Stein.

NOTRE DAME

Mein Paris – das waren oft graue Himmel, lange Regentage mit düsteren Wolken vom Atlantik her, Gurgeln in den Dachrinnen, die hier gouttières heißen. Immer wieder bestaunte ich, daß die Bäume durch die runden Roste um die Stämme genug Wasser bekamen.

Der Krieg hatte wieder Pferdefuhrwerke und Radfahrer auf die Straßen gebracht. Nieselregen, Fröstelwetter – und trotzdem ließen sich die Bouquinisten nicht vertreiben: rechte Symbolfiguren der Beharrlichkeit.

Bouquinisten, Angler, Liebespaare und Artisten

Mein Paris – das sind auch die großen Maler und ihre Ateliers, die Zeugen der heroischen Epoche der modernen Malerei. Ich habe die Szenen vor Augen: Georges Braque murrt über die Fotos, die ich von ihm gemacht habe und stolz apportiere, weil er sich darauf zu alt vorkommt. Ein riesiger Früchtekorb und Blumenbuketts, opulent wie für eine Filmdiva, werden ins Atelier getragen: eine Aufmerksamkeit seines Kunsthändlers, alles per Flugzeug aus dem Süden gekommen ...

Der alte Othon Friesz hockt auf einer Estrade und erzählt von der Reise, die er gemeinsam mit Dufy in seiner Jugend nach München unternahm – eine wahre Expedition damals, und Prügel hatten sie auch bezogen, weil sie in einem Bräu eine Jubelfeier für den Zeppelin mit eigener nationaler Aufwallung gestört hatten: Ein Zeppelin aus bunten Glühbirnen sei an einem Draht durch den abgedunkelten Saal gezogen worden, die Leute hätten »Seppeläng« und »Bravo!« geschrien wie die Verrückten, und da hätten sie aus vollem Hals »Vive Blériot!« gebrüllt ...

Fernand Léger in seinem Atelier in der Rue Notre-Dame-des-Champs: halb Bauarbeiter, halb Zirkusclown mit seinem flachen Hütchen aus Amerika auf dem Kopf. Der ganze Boden bedeckt mit Zeichnungen und Gouachen mit der Légerwelt, die ja tatsächlich »Le Cirque« und »Les Constructeurs« heißt ...

Picasso sitzt, viel zu klein für seine Stiere, mit Françoise Gilot im Catalan bei Kerzen und Flamenco. Sein Atelier ist schräg gegenüber im alten Stadtpalast, Rue des Grands-Augustins Nummer 7. Die Conciergentochter hat er als ›Ines et son enfant‹ bei Mourlot lithographiert.

Mourlot ... Die düstere Rue Chabrol gleich an der Gare de l'Est und darin die dunklen Ateliers der berühmten Steindruckerei, wo sie sich alle über die graugelben Lithosteine gebeugt hatten: Picasso, Miro, Chagall ... und wo plausible Plakatdruck-

Maschinen aus technischer Frühzeit zentnerschwere Solnhofener Steinplatten mit dem Getöse eines Hammerwerkes vor und zurück wuchteten, wo es nach Druckfarben roch, die den Namen Lorilleux trugen, was in meinen Ohren nach sämiger Stringenz klang.

Max Ernst staunt an einem Tischchen des Café Aux Deux Magots über prozeßtreibenden Witwenwahn und nennt Kandinskys Nina »eine Witwe schon zu Lebzeiten«.

Dunoyer de Segonzac, soigniert wie ein Aufsichtsratsvorsitzender, hält Hof in einer der eleganten Galerien nahe dem Etoile: dicke Teppiche, grelle Filmlampen, Dutzende von Rosetten der Ehrenlegion zwischen Pelzen, die ich im Vorübergehen, wie ich es von Kennern gesehen habe, anblase, damit sich die Haarwurzeln zeigen – so prüft man ihre Echtheit. Ich verhalte mich – wie ich es auch beim Melonenkaufen tue – als Kenner. Ich weiß nicht recht, worauf es ankommt, aber ich weiß eben, wie sich der Fachmann gibt. Unter den Damen mit großen Federn an den Hüten – sind denn Federn wieder Mode? – ist ein Wettbewerb um die höchsten Töne der Begeisterung ausgebrochen; ich habe die spitzen Entzückensschreie noch im Ohr: »Formidable«. »Magnifique!« Auch ein fragendes »Sans blague?« und ein enthusiasmiertes »J'ai une telle faible . . .«

Chagall kommt mit wild abstehenden Haaren aufgeregt aus einer Türe und stottert gestikulierend, im Zimmer hinter der Tür, bei Monsieur le Directeur, sei ein Bild von einem jungen Mann: »Une merveille! Incroyable! Epatant!« Ganz in Gelb! Nicht zu glauben! Einfach überwältigend! Neugierig stehle ich mich in das Zimmer des Direktors. Und was für ein Bild sehe ich? Einen frühen Chagall . . .

Jacques Villon, zart und weißhaarig, stellt seine ungerahmten Bilder zur Betrachtung auf die Staffelei und erzählt dazu, während seine Schwester sich mit einer Strickarbeit beschäftigt, wie er, statt eigene Radierungen zu machen, farbige Reproduktionsradierungen nach Bildern berühmterer Kollegen für die Calcographie du Louvre herstellte, um davon zu leben . . . Der ehemalige Korporal der Fremdenlegion Hans Hartung hinkt mir voran durchs Atelier von Gonzales, seinem Schwiegervater, und ich sehe zum erstenmal dicht bei dicht die rostigen Eisenkompositionen, die heute weltberühmt sind . . .

Und mit der Erinnerung an die Heroen kommen mir auch die ›petits maîtres‹ ins Gedächtnis zurück: Der naive Hector Trotin, der ein Paris weit vor dem meinen malte, alles über den Eiffelturm wußte und seine Begeisterung für die alten Zeiten in dem Ausruf: »Et tout le monde était saoul!« kulminieren ließ . . .

Und die alte deutsche Jüdin Emma Stern, die erst mit achtzig Jahren zu malen begann und nun unermüdlich, trotz versagenden Augenlichts, Szenen ihrer Kindheit auf grundierte Preßfaserplatten tupfte.

Und gleich sehe ich auch die vielen Maler, die nicht ohne die sichtbare Welt als Modell vor Augen auskommen konnten und mit ihrem Malkram allmorgendlich »vors Motiv« zogen. Sie stellten ihre Staffeleien auf dem Pont Neuf, auf den Quais und, in langer Reihe hintereinander (um das gleiche, berühmte Motiv zu erhaschen), in den steil ansteigenden Gassen des Montmartre auf und trugen damit vor allem zur pittoresken Belebung des Straßenbildes bei: ihrerseits Modelle für zahllose Kodaks.

Man malte in Paris, wie man anderswo Musik machte oder Skat spielte. Überall wurde gemalt, am meisten auf den Spuren Utrillos, auf der Butte: vergammelte Häuserwände und darüber der helle, wie als riesige Schachfigur gedrechselte Turm von Sacré-Cœur. Andere porträtierten in den Cafés und auf der Straße Fremde mit dicker Kohle – im Profil wohlverstanden, denn wer kennt schon sein Profil! Und wieder andere konterfeiten mit bunten Kreiden die Kathedralen von Clermont-Ferrand und Chartres mit der rührenden Naivität der Vivin und Bombois aufs Pflaster und ernteten nicht für die Hergabe ihres Werks, sondern nur für dessen Besichtigung ihren Obolus.

Und wenn ich an die Maler denke, sehe ich auch all die anderen Freiluftpassionierten vor mir: die Angler, die Bouquinisten, die Straßengaukler, die Liebespaare . . .

Manchmal, wenn ich meine Umwelt nur mehr wie durch den Sucher sah, störte mich das Fotografieren. Ich mußte mir dann die Augen ausreiben und mir vornehmen: anders sehen, neu sehen – nicht nur mit dem Kamerablick!

Ich konnte immer meine Seharten bis zu einem gewissen Grad bestimmen: So brauchte ich, wenn ich in Paris war, nicht unbedingt »französisch«, nicht mit den Augen Sisleys oder Pissarros zu sehen. Ich konnte zum Beispiel »Vermeer van Delft« denken, und gleich erschien mir alles, obwohl die Sonne fehlte, warm durchleuchtet und genau bis in alle Fernen – also ganz und gar nicht impressionistisch. Dali behauptete von sich, er habe besser gesehen als die Impressionisten. Damit hat er nicht recht. »Besser« geht nicht. Er sah nur anders.

Zum Nutzen der Fotografen und der Feuilletonisten hielten die Angler in unregelmäßiger Phalanx von Banlieue zu Banlieue quer durch die Stadt die rive gauche und die rive droite besetzt, freiwillige Statisten in der Szenerie des idyllischen Paris, Pantomimen des Unrationellen, des Zwecklosen, des »laisser faire, laisser aller«. Dunkel, reglos, gelassen standen sie vor dem düsteren Komplex der Conciergerie, des Untersuchungsgefängnisses, und den Mauern des Palais de Justice, das die Sainte-Chapelle wie einen kostbaren Kern in sich birgt – oder auch vor den malerischen Grautönen der Stadtpaläste der Ile Saint-Louis, in denen noch heute Künstler und gräfliche Sonderlinge mit ihren Kanarienvögeln und Katzen hausen ... Sie standen schon immer da. Zu Zeiten unserer Väter und Urgroßväter, als der French Cancan tobte, und als die Königin Marie Amalie zur Fahrt von Paris nach Saint-Germain die erste Eisenbahn bestieg. Obwohl schon zu »meinen Zeiten« kaum noch ein Fisch anbiß, hängten sie ihre Schnüre ins trübe Wasser der Seine.

Die Mentalität des Pariser Anglers ergibt, wenn sie nur mit ein wenig Erwerbssinn durchmischt wird, die des Bouquinisten. Ab und zu beißt bei ihnen auch heute noch ein – meist ausländischer – Fisch an und kauft eine echte Rembrandtradierung, die jüngst erst eine Druckerei in einem Hinterhof der Rue Bonaparte verließ, einen ebenso altneuen Goya oder einen echten alten, aber ganz neu kolorierten Plan von Paris mit der Ile de la Cité in der Mitte, auf der in vorchristlicher Zeit die keltische Siedlung Lutèce gegründet wurde, nach welcher sich heute, sehr zur Verwirrung der Post, gleich mehrere Hotels benennen, mit dem Ring der großen Boulevards, damals noch als Stadtmauer eingezeichnet, und dem Hafenplatz, der »grève«, nach der sich heute noch die »grévistes«, die Streikenden, nennen.

Die Bouquinisten verrichten ein geruhsames, nervenschonendes Tagwerk, das nur dazu zu dienen scheint, den Aufenthalt seines Besitzers an der frischen Luft zu rechtfertigen. Wenn es regnet, klappt der Bouquinist seinen blechbeschlagenen Bücherkasten

zu und verschwindet im nächsten Bistro, um mit den Kollegen beim Pernod das Ende des Regens abzuwarten, der die Luft noch silbriger und die Tönung der Häuserwände noch delikater machen kann, als sie es hier ohnehin immer sind.

Man malte in Paris, wie man anderswo Musik macht oder Skat spielt. Die Staffeleien waren kaum zu zählen. Zu denen, die in den Ateliers standen, kamen die vielen, die in den steilen Gassen des Montmartre, in der Rue Moulin, in der Rue d'Orchampt, auf der Place du Tertre oder der Place Ravignan aufgestellt waren –

vor den gleichen Motiven, die schon Maurice Utrillo malte. Er postierte sich freilich nicht auf schmalen Trottoirs vor abblätternden Mauern, neugierig beäugt von Passanten, sondern malte in seinen kargen Atelierräumen vor sich hin – nach Postkarten und seiner Erinnerung.

BOULANG

PRIX D'ENTREE 1NF
CAISSE
BARRY

Die Liebespaare: In keiner Stadt sah ich so viele Liebespaare wie in Paris. Sie suchten nicht, wie es damals anderswo noch üblich war, um sich zu umarmen, dunkle Hauseingänge und Treppenflure auf – sondern küßten sich, wo immer es sie ankommen mochte: auf den Plattformen der Omnibusse, in den Niedergängen zur Métro, im Luxembourg an den großen Bassins, auf denen Kinder gemietete Segelboote schwimmen lassen, während über ihnen stampfende, marmorne Kentauren nackte, strampelnde Weibsbilder rauben.

Sie küßten sich freimütig mitten im strudelnden, durcheinanderschiebenden Verkehr und lockten damit höchstens ein erinnerungsverklärtes Lächeln auf die besorgten Gesichter der melonetragenden älteren Herren. Niemand fühlte sich belästigt, keiner störte ihre Enthobenheit.

Während der Verkehr auf der Place de la Concorde wie Schuß und Kette eines Webstuhls durcheinanderschoß, saßen sie aneinander versunken auf den Bänken der Terrasse vor dem Jeu de Paume und wendeten ihre Köpfe nicht ein einziges Mal hoch.

Die Gaukler: Auf den großen Boulevards gab es zu meinen Zeiten immer irgendwelche Attraktionen. Den »homme d'orchestre«, der ein gutes Dutzend Instrumente zu gleicher Zeit bediente, unheimlich beredte Ausschreier, die »camelots«, die manches anboten, was man nicht brauchen konnte – und natürlich alle möglichen Gaukler, die sich selber »Artisten« nannten. Die Zuschauer im Straßentheater waren geduldig wie die Angler an der Seine – skeptisch abwartend, aber dabei auch stets zu Beifallsgelächter bereit, es mußte nur ein guter Witz fallen – im Argot natürlich – das der Fremde nicht versteht – vor allem nicht die Deutschen (les haricots verts). Man brauchte in Paris für die

schönsten Spektakel nichts zu bezahlen. Flanieren, die Augen offen halten, aufs Entdecken aus sein: Das war schon alles. Dafür wurde man reichlich belohnt. Straßengaukler – Feuerschlukker und Gewichtheber – und Straßensänger waren die Akteure: die Boulevards als Theater. Den Crazy Horse Saloon gab es damals noch nicht. Er wäre mir auch zu teuer gewesen. Hier unter den Zuschauern konnte ich mich ganz als einer von ihnen fühlen: Ich war schaulustig wie nur irgendeiner, ganz dabei, versessen darauf, mir keine Bewegung entgehen zu lassen und die faszinierende Szenerie mit ihren wechselnden Formkonstellationen auf meinen Film zu bannen.

CABALLEROS

Kriegszeit

Die erste Ankunft war atemberaubend. Und auch später noch nahm ich Paris wie im Rausch an die Brust, ich sog es ein, schlang es gierig in mich hinab – ein ausgehungerter Gargantua, der von der Stadt nicht genug bekommen konnte.

Die Kuriermaschine – eine Wellblech-Junkers – war auf dem Flugplatz Le Bourget gelandet. Von dort ging die Fahrt auf der Ladefläche des Lasters in die Stadt hinein.

Später, bei vielen anderen Ankünften, habe ich mich immer selber um dieses erste Zusammentreffen beneidet – noch heute tue ich das. So sehr wie das erste Mal hat mich keine Begegnung mit der Stadt mehr hingenommen. Damals hatte noch jedes Straßenschild seine Bedeutung, noch jeder Platz war ein Stück Sisley oder Pissarro oder Utrillo.

Bei der ersten Ankunft war nicht zu ahnen, wie viele noch folgen sollten – der Krieg dauerte eben nicht nur bis Weihnachten, wie die Herren in der Bendlerstraße versichert hatten, die mich in eine Matrosenuniform steckten und ohne auch nur eine Stunde militärischer Ausbildung nach Frankreich schickten. Etliche Weihnachten folgten, und noch oft bin ich in Paris angekommen – nicht mehr mit dem Flugzeug, immer auf der Gare de l'Est. Diese Ankünfte frühmorgens: Wie die Schlafwagenschaffner schon lange vor dem Einrollen des Zuges in die triste Eisenkonstruktion ihre grauen Wäschesäcke in den Gang türmten, als ginge es darum, den Weg zu den Türen mit Barrikaden zu sperren. Die letzten, schlafverklebten Blicke auf die gelben Erlen am Ufer der Marne. Die sargähnlichen Lastkähne, ornamental geordneten Weinberge, gnomenhaften Bauern beim Einmieten von Zuckerrüben, die grauschimmernden Dörfer, schwarz-weißen Kühe auf den Weiden, Zweiradkarren mit schräg hochgestellten Deichseln, ein Stationsvorsteher mit blendend weißer Mütze – und wie immer bei diesem Anblick fällt mir der Spottvers ein: »Il est cocu – le chef de gare ...« Dann kommt endlich das verrückte Häusergewimmel der Banlieue – tausend Villen und Pavillons, Wartburgen, Schweizerhäuser, Wüstenforts und zuletzt der tiefe Cañon, der in den Bahnhof mündet. Im Ausschnitt der Hallenkonstruktion das gleiche milchblaue Gewölk, das Monet malte, und höher oben am Himmel, zwischen den Eisenträgern, ein orangefarbenes Leuchten, das von den blankgefahrenen Gleisen reflektiert wird. Sie liegen wie helle Nervenstränge in der Hallendüsternis. Kaum ein Mensch auf dem Bahnsteig zu dieser frühen Stunde. Nur ein paar schwarze Kerle, die tief gebückt Bremsschläuche hinter sich herschleifen wie schwer verwundete Krieger ihr Gedärm. Eine Alte hat ihr Faltengesicht mit frischen Zeitungen eingerahmt. Der Fahrer in der Uniform eines Marineartilleristen will mich gleich verfrachten. Ich schlage statt dessen erst mal einen Schluck im Bistro gegenüber vor. Dort herrscht zu dieser Stunde Hochbetrieb: alle Mann beim Blankputzen des Zincs. Außerdem ist jetzt die Stunde der livraisons, obwohl es kaum noch was zu liefern gibt. Aber die Ausfahrer kommen und wollen quatschen.

Mein eigener Fahrer ist verschwunden. So lange sollte sich kein Mensch auf dem Klo aufhalten. Ich lasse mir einen zweiten Schluck kommen und höre zu, wie der Patron mit den Ausfahrern räsoniert und die Garçons beschimpft, weil immer noch keine neuen Sägespäne auf dem Boden sind. Und nun bemerke ich auch, daß an den großen Fenstern zur Straße hin kräftig bemalte Mademoiselles mit übereinandergeschlagenen Beinen sitzen, die Röcke bis hoch hinaufgeschoben – drei, vier, und alle mit Pelzkrägen. Eine läßt ihren Fuchs mit eleganter Handbewegung herab – sie entfaltet sich wie die Blüte einer fleischfressenden Pflanze – und zwinkert mir zu, nein, schlägt ihre Wimpern so heftig, als wäre ihr eine Mücke ins Auge geraten. Da erscheint mein Fahrer, rot angelaufen und schnaufend, und preßt aus sich heraus: »Schnell mal einen weggesteckt!« Und wie es denn mit mir stünde? Der Fahrer entpuppt sich als äußerst kundig. Vor Geschäftsbeginn, in der Mittagspause und bei Geschäftsschluß laufe hier das Geschäft. Und auch schon mal ganz früh für die Flics, ehe die vom Nachtdienst nach Hause müßten. Später dürften die Bürohengste und die Flics ja nicht mehr auf die Straße.

Ich schicke den Fahrer mit meinem Gepäck los: Ich will laufen.

Als Folge der Übernächtigung bin ich hellwach. Das Sehen ist nicht nur Augenmerk. Ich sehe mit dem ganzen Körper. Meine Sehnerven setzen sich fort in die Halswirbel, sie laufen in das Rückenmark, durch die Brustwirbel hinunter bis in die Lenden. Ich lasse die Augen schweifen, versuche mit einem Blick ganze Fuder Augenfutter einzuheimsen: Die Reklameschriften, die Mansarden, die Eisengeländer vor den Fenstertüren, das Verblauen in der Ferne. Das Licht von oben durchsickert alles, gibt jedem Ding einen Anhauch von Transparenz.

Ich bin ohne Zweifel leichter als sonst. Die Straße senkt sich – ich bin so leicht, daß ich schweben könnte. Ich brauchte nur anzulaufen und mich vom Trottoir abzustoßen. Zugleich spüre ich mich selber deutlicher als sonst: Nerven, Mark, Knochen, Muskeln, die blutprallen Adern. Jetzt bin ich endlich wie der Baum aus den medizinischen Atlanten: unio mystica auf dem Boulevard de Sébastopol.

Da bringt mich mit einem Schlag ein Trupp Landser in die Wirklichkeit zurück: In Viererreihe kommen sie mir auf der Straße entgegen. Sie sehen zugleich martialisch und kläglich aus mit ihren abgetragenen Uniformen, den Kalbfelltornistern von anno Tobak, den quer darunter hängenden Gasmaskenbüchsen, den unhandlichen Seitengewehren, die ihnen die Koppel verziehen, und diesen komischen ausgeleierten Knobelbechern. Die Sieger – zum Lachen! Auf den hochgeschorenen Köpfen haben sie unkleidsame Schiffchenmützen. Ich staune immer wieder, wie unpraktisch und häßlich diese Uniform ist. Verjährt wie die ganze Ausrüstung des Infanteristen.

Die Läden sind noch zu, aber die Rollos vor den Schaufenstern hoch.

Ein Hochzeitsgeschäft: Hinter der Braut stehen fein herausgeputzt Bub und Mädchen. Das Schleierende ist an ihren Gipsfingern festgemacht. Rings ums Schaufenster Brautbouquets aus künstlichen Blumen, in Goldrahmen zu Bildkompositionen geordnet. Brautschleier mit Kränzchen gibt es in allen Formen und Preislagen. Weiße Spitzenbüstenhalter, weiße Höschen: alles für die Braut. Im nächsten Fenster alles für den Bräutigam, nur keine besonderen Unterhöschen. Und daneben steht, starr wie für den Fotografen, die ganze Hochzeitsgesellschaft hinter dem Glas. Unter einem Dutzend Smokings könnte man hier wählen.

Jetzt bleiben auch die Landser neben mir stehen und begaffen das Brautglück mitten im Krieg. Die Schaufenster haben es auch ihnen angetan. Die Jungens schieben sich, immer wieder wie staunende Kinder verharrend, von einem Schaufenster zum anderen.

Zwischen den Landsern drängen sich verschwiemelte, sandalenklappernde Mädchen in engen Pullovern und straff über die fülligen Hinterteile gespannten Röcken. Sie sind aufgekratzt, als wären sie betrunken, und schießen Blicke aus glänzenden Augen. Sie machen wohl den richtigen Trotteusen Konkurrenz.

Nach dem Anblick von Berlin und München ist das unbeschädigte Paris ein Wunder, eine Fata Morgana. Paris ist nicht verdunkelt, kein Bombenziel wie die deutschen Städte. Der Tritonenbrunnen auf der Place de la Concorde, die Nadel der Kleopatra, die Säulen der Madeleine – alles unversehrt.

In Auteuil und Longchamp finden Pferderennen statt. Samstag, Sonntag, Montag sind Renntage.

Das Restaurant Le Tour d'Argent ist immer noch in Betrieb wie das Maxim's auch. Das Tafeln im Tour d'Argent inmitten deutscher Uniformen und den obligaten deutschen Zivilisten ist freilich kein reiner Genuß. Schon das Zeremoniell der Bestellung verwirrt mich. Es verstärkt noch die Empfindung der Absurdität dieses Soupers: die der Befehle gewärtige Haltung des Maître d'hôtel, die reservierte Verbeugung, der schmale, handumschlossene Block, schmeichlerische Versicherungen, begeistertes Nikken – retardierende Momente in der Zelebrierung –, alles präzise auf dem Grat zwischen Devotheit und einer Arroganz, die auch als Verachtung der ungebetenen Herren auslegbar ist.

Im Moulin Rouge treten Yves Montand und Edith Piaf auf. Auch im Lido hebt sich jeden Abend der Vorhang.

Dreißig Theaterstücke sind affichiert, aber alle Kinos sind geschlossen. Nur die Soldatenkinos mit ihren eigenen Generatoren sind geöffnet.

Es gibt viele Fliegeralarme. Aber Paris ist ja noch immer heil davongekommen. Außer dem Bombardement auf Billancourt im April 1943 hat es kaum Fliegerangriffe erlebt. Eine einzige Attacke mit wenigen Maschinen – und gleich 403 Tote und 446 Verwundete, fast alles sonntäglich gestimmte Spaziergänger, die im Métroausgang Schutz gesucht hatten. Die Bomben trafen direkt dorthin.

Die Pariser scheinen diesen Angriff vergessen zu haben. Überall Flaneure ohne Bombenangst. Sie pflegen die große Kunst des Ignorierens. Wenn Motorengebrumm laut wird, suchen allenfalls einige Hasenfüße die Nähe der Métro. Die meisten Passanten haben die Geräusche zu unterscheiden gelernt: deutsche Maschinen – alliierte. Die Polizisten halten pflichtgemäß die Radfahrer an, von denen es auf einmal wimmelt. Es entsteht ein kleines Gerede, die Radfahrer laufen ein Stück – wenige Meter nur, dann sitzen sie wieder auf. On s'en fiche ...

Auch an die Hakenkreuzflaggen hat man sich gewöhnt. Sie wehen auf allen öffentlichen Gebäuden und auf den beschlagnahmten Hotels und Wohnhäusern. An den Bretterwänden kleben Plakate der Vichy-Regierung.

Mancher Anblick trügt. Man muß auf die kleinen Zeichen achten, wenn man die Kriegsrealität erkennen will: In den Anlagen steht kein Gras, weil jeder Halm für die Kaninchen auf den Balkons ausgerupft ist. Die Kleintierzucht ist im Schwange. Die Lebensmittelrationen sind so gering, wie sie es später auch in Deutschland wurden: Keiner hätte davon leben können. Wer keine Verbindungen zu jenen Kreisen hat, die so höhnisch wie neidisch mit den drei Buchstaben B O F (beurre, œufs, fromage) bezeichnet werden, muß hungern. Marketenderware der deutschen Wehrmacht ist gängiger Liebeslohn. Es gibt keine Butter, allenfalls »saindoux« (Schweineschmalz), »le petit lait«, die Buttermilch, wird entdeckt und der Eichelkaffee – »le café national«.

Die Straßen um die Markthallen, sonst übervoll von hochgetürmten Körben und Kisten, bleiben leer. In den Geschäften kein Obst, kein Wein, kein Gemüse.

Elektrizität gibt es nur für wenige Stunden. An drei Tagen ist für die Bistros Alkoholsperre. Viele sind geschlossen: »Aus Kohlenmangel« – auch im Sommer.

Zwischen den promenierenden Landsern in ihren miserabel sitzenden Uniformen zeigen die jungen Pariserinnen, wie um des Kontrastes willen, was modischer Ehrgeiz auch noch in diesen schlimmen Zeiten vermag: Ihre Holzsohlen, Strohtaschen, Gürtel aus Stanzresten – alles hat Pfiff. Sommerhüte aus Stroh mit breiten Krempen sind in Mode, reich mit buntfarbenen Schleifengebinden bestückt. Man muß diesen luxuriösen Hutschmuck schon betasten, weil man sonst nicht glauben kann, daß es sich nicht etwa um fein gewebte und gestärkte Seidenbänder handelt, sondern um breit abgezogene, gefärbte und lackierte Hobelspäne. Wie die Pariserinnen diesen »Ersatz« zur Schau tragen, ist fast schon Provokation. Und seltsam: Trotz der Hitze werden zu Kostümen aus billigen Ersatzstoffen – es ist die Zeit der Tailleurs – Fuchspelze spazierengeführt. Gegeneffekt der Verarmung?

Apropos Ersatz: An diesem für die französische Zunge so schwierigen Wort üben sich die Damen gern. Es wird zum Juxwort. In französischen Ohren muß es ähnlich klingen wie »les Krauts«. Ich höre tatsächlich »les Ersatz« als Bezeichnung für die deutschen Landser.

Ich habe wieder den Spottvers im Ohr, den wir in der Schule lernten, als der Siebziger Krieg an der Reihe war:

> Wo liegt Paris? Paris dahier!
> Den Finger drauf – das nehmen wir!

Haben wir diesmal Paris wirklich genommen? Oder hat sich Paris nehmen lassen?

Wer sind hier die Sieger? Die Muschkoten etwa, die Gestiefelten in Keulenhosen und maßgeschneiderten Waffenröcken? Oder das Volk von Paris? Die Mimi Pinsons, die Midinetten mit den straff gespannten Satinfetzchen über den kleinen Hintern? Die kampferprobten Trotteusen?

Die Art, wie die Franzosen die deutsche Okkupation hinnahmen, konnte man nur bewundern: Da schlugen die Stiefel der Wachkompanien täglich über die Champs-Elysées, und die Deutschen taten, was immer sie konnten, um ihre Präsenz mit Uniformen und Hakenkreuzflaggen zu belegen – in Wirklichkeit aber wurden sie auf ganz undramatische Weise amalgamiert. Der deutsche Besatzungssoldat war im allgemeinen – wenn er Schulbildung hatte – ohnehin frankophil und wollte das den Franzosen auch zeigen. So kam es kaum zu feindseligen Handlungen gegenüber den deutschen Besatzern. Man wurde mit den Deutschen auch »so« fertig. Nach allem, was wir damals erfuhren, wurde bis zur Invasion nur ein einziger deutscher Soldat erschossen, und zwar am 21. August 1941 in der Métrostation Barbès. Komisch, daß ich sogar den Namen noch weiß: Alphonse Mozer, ehemaliger Spanienkämpfer. Aufregung und Verbitterung waren damals groß, die Repressalien schlimm.

Aber für die deutschen Soldaten war Paris die funkelnde Stadt zwischen den Kriegsfronten, zwischen der Seefront Atlantik und der Bombenfront Deutschland. »Paris« – Synonym für Hoffnung auf Überleben. »Paris« – the spice of life. Alle Sehnsüchte richteten sich auf Paris. Es gab Bootskommandanten, die auf der Reise in den Heimaturlaub in Paris Station machten oder auch gleich dablieben, bis der Urlaub um war. Noch lange, nachdem die Alliierten an der Normandieküste gelandet waren, gingen in Paris die Lichter nicht aus.

Im Hinterkopf wußte man natürlich, mit wieviel Augenwischerei man in Paris bedient wurde – aber wer wollte das schon so genau wissen? Das Leben an die Brust nehmen, den Tag feiern, mit vibrierenden Nerven die Stunde wahrnehmen, Friedensbilder einheimsen – darum ging es uns.

Jeder Weg von den Einsatzhäfen zur Heimat führte über Paris, dank den französischen Infrastrukturgenies des Absolutismus, die Paris zum Zentralgestirn gemacht hatten, von dem alle Wege radial wie Sonnenstrahlen ausgehen.

Paris war die große Etappe. Die höheren Stäbe hatten sich elegant etabliert. Sie hatten ihre Entschuldigung: Zentraler als in Paris konnten sie sich gar nicht installieren. Wenn man es geschickt einrichtete, konnte man davon auch profitieren: Mit vorgeschützten Dienstgeschäften ließ sich der Aufenthalt in der geliebten Stadt verlängern.

Die feineren Stäbe hatten eine Art Gästeprogramm, um die »Frontschweine« zu betreuen. Für alles war gesorgt. Die Hotels waren allesamt »für die Truppe« reserviert. Die Standortkommandantur an der Place de l'Opéra verteilte mit den Quartierscheinen auch Listen der Bordelle – getrennt für Mannschaften und Offiziere – und auch gleich Zettel mit den Adressen der Sanierstellen und ein Merkblatt »Wie erkennt man Tripper und Syphilis?«

Ich fühlte mich als Soldat in Paris nicht einen Augenblick lang – nicht einmal in den Vierteln um die Place de la République herum – gefährdet. (Das änderte sich nur unmittelbar vor der libération.) Sogar in die Rue de Lappe, die Apachenstraße, bin ich damals allein gegangen, ohne auch nur eine Minute Angst zu haben.

Was der Soldat freilich als Fraternisierung erlebte, war nichts anderes als das, was dem normalen Paris-Touristen an Kontakten widerfährt. Sein Bild vom Leben in Frankreich geriet so falsch wie das des Paris-Voyeurs unserer Tage. Die leichten Mädchen von damals sind die Mütter der leichten Mädchen von heute. Die Familien, die uns damals verschlossen blieben, sind auch heute unzugänglich.

Die Franzosen bewiesen Meisterschaft im Anpassen an die beklagenswerten Verhältnisse, im Aufspüren von besonderen Methoden, um der Schwierigkeiten Herr zu werden oder sie einfach zu umgehen. Auch während des Krieges gab es ein Nachtleben, das in einigen Quartiers durchaus überschäumen konnte. Das besondere Geschick mancher Franzosen für jene Beschäftigung, die wir damals »Organisieren« nannten, spielte dabei eine nicht geringe Rolle. Und eine Mentalität, die sich wohl noch heute so ausdrückt: »On s'en fiche«, man hat einen »tuyau« – wörtlich ein Rohr – zu irgendeiner bestimmten Stelle, man kennt »un system D« – »on s'arrange«. »Mais on ne se laisse pas casser les pieds« – man läßt sich nicht auf die Füße treten.

Auf sein Recht zu pochen galt damals und gilt auch heute in Paris als ausgesprochen teutonisch. Wozu auf sein Recht pochen, wenn man es durch die Hintertür ergattern kann? Die Jurisprudenz ist nirgends so engagiert als Farce denunziert worden wie in Frankreich. Honoré Daumier hat sich dabei besonders hervorgetan – mehr noch: Er hat das ganze öffentliche, das gesellschaftliche Leben als Farce geschildert.

In Frankreich hält man sich etwas darauf zugute, daß man das Leben zu nehmen weiß. Tand, Schein, Selbstbetrug? Unaufrichtigkeit? Vieles, was bei uns als Untugend gilt, wird in Frankreich mit einem Schulterzucken akzeptiert – es gehört zum System der Erleichterung des Daseins, zur Lebenskunst.

Mir klingt noch heute das tadelnde »Monsieur – vous n'êtes pas diplomate!« einer Concierge im Ohr, als ich einmal auf mein Recht pochen wollte.

Ich denke weiter: Wie viele merkwürdige Worte es damals gab! Die Franzosen hatten ihre Geheimsprache, in der sie sich trotz der unmittelbaren Präsenz von Besatzern unterhalten, sich über ihre Okkupanten mokieren konnten. Noch heute weiß ich nicht, wie man das Hohnwort für die Deutschen, das wie »les Schlöh« klingt, eigentlich schreiben müßte. Gleich höre ich auch die Chanteuse Christel Müller fluchen: »Tout de même franchement merde alors!« Bei ihr lernte ich diese und andere Kadenzen ohne Atemholen zu sprechen. Sie hat es weit gebracht, bis zur Besitzerin eines Hotels in Deauville. Von ihr habe ich die schönsten Insulte übernommen: »Vieux con! Sale abruti! Vieille salope!« Sie haben mir mehr genützt als manche meiner Schulkenntnisse.

Erst ab Mitternacht ist das Chabanais für Offiziere geöffnet. Weil es noch zu früh ist, trete ich in eins der großen Musikcafés, finde aber nur in einer entlegenen Ecke ein freies Tischchen. Da es aber an allen Wänden Spiegel gibt, brauche ich den Kopf nicht zu drehen, um das ganze ad infinitum durch Spiegelreflexionen vergrößerte Lokal im Auge zu haben: vom Ausgang zum Boulevard hin bis zum Paravent, der die WC-Türen verbirgt. Zugleich sehe ich die Kapelle hinter mir und die Flaschenreihen an der Rückwand der Bar gegenüber. So – mit dem peripherischen Blick erfaßt – sollte ich das malen: die tausend Splitterformen, die heftigen Überschneidungen, das verrückte Spiel von Reflexen allein in der Spiegelwand hinter der Flaschengalerie, das Diamantgefunkel zwischen giftigem Menthegrün und scharfem Pastisgelb, dazu die Spiegelung der bunten Flaschenetiketten und dazwischen die Ponyfrisur und ein blau untermaltes Auge der Vorgeigerin. Groß davor, als geschlossener Flächenkontrast gegen das Gewimmel, die schweißige rosa Glatze eines Kellners, auf die ein von hinten her hochgezogener, kammartig sich abzeichnender Haarstrang aufpomadisiert ist. Und rechts unten die von einer Art Büstenhalter aus grünen Glitzerpailletten scharf modellierten Brüste der Sängerin – ihren weiß gepuderten Busen rahmen zwei Paneele, und der Hals einer Flasche Rémy Martin teilt ihn fast in der Mitte. Die rotierenden Glitzerkugeln an der Decke zerstücken mit ihren wandernden Reflexen alles Kompakte in immer neue Formsplitter, zaubern bewegte Helldunkelmuster auf die fleckigen, fast bis zum Boden reichenden Schürzen der Kellner, lassen Glitzerstrahlen aus schwimmenden Augen schießen, nehmen Pferdegebissen ihren Schrecken, reflektieren so heftig in dem vielen Straß, den die Musikdamen im Haar oder auf den Kleidern tragen, daß ich mich in Aladins Wunderhöhle wähne, lang ziehende Geigentöne über dem dumpfen Brodeln der Gespräche im Ohr. Dazu der Zigarettenrauch, der alles, die Kontraste bläulich mildernd, zusammenfaßt. An der Decke drehen sich Propeller, so groß wie die von Sportflugzeugen.

Der Eingang des Chabanais wird von einem intensiven blauen Licht markiert statt von einem roten, wie es sich für Bordelle gehört. An den Bordsteinen Dienstwagen dicht bei dicht: Der Betrieb scheint zu florieren. In der gleichen Straße gibt es noch andere blaue Lichter.

Als ich in den Salon gerate, verschlägt es mir den Atem. Ich kann nur mehr stottern anstatt zu parlieren. Ich bin in meiner Rolle als »Okkupant von Welt« ins Schwimmen geraten. Was Wunder!

Vom Prunk des Salons geblendet, kann ich im ersten Augenblick nicht fassen, was vorgeht. Wie auf einer Bühne erscheinen gleichzeitig von drei Seiten her in farbigem Scheinwerferlicht ganze Najadenketten: die große Parade.

Ich habe die Qual der Wahl wie bei einer langen Speisekarte. Eine Auswahl, wie sie dem Gott Paris zugemutet wurde, hätte genügt: drei Gerichte, drei Kontraste. Aber was hat sich hier nicht alles versammelt und dringt immer noch durch zwei Tapetentüren rechts und links herein und posiert wie in Chargenrollen: herrisch, unterwürfig, provozierend, verschlossen . . .

An jeden Geschmack ist gedacht: Rechte Pummel sind dabei, halb verschämte Dienstmädchen, exotische Paradiesvögel. Einige blicken mich direkt an, so erwartungsvoll herausfordernd, daß ich vor Verlegenheit die Augen niederschlage. Wie soll ich mich connaisseurhaft routiniert geben? Mein Schlucken muß mich verraten.

Jetzt, wie auf Befehl, lassen die Schönen Togen und Schleier von den Schultern gleiten – eine wahre Musterausstellung von Brüsten: vorgereckte, spitze, füllige, hängende.

Eine schiebt, mit festem Blick in meine Augen, ein Pantöffelchen vor, eine andere läßt ihre Zungenspitze vorschnellen. Eine dritte versucht sich mit vulgärem Grinsen. Die meisten aber bringen nicht mehr zustande als ihr eingelerntes Lächeln. Es sieht aus, als würden ihre maskenhaft bemalten Gesichter von einem Marionettenspieler bewegt.

Ich spüre, wie es mir die Röte ins Gesicht treibt. Am liebsten würde ich schnell wieder verschwinden. Aber die Madame, die ich hinter mir spüre, tönt jetzt, halb schmeichelnd, halb energisch: »Faites votre choix, monsieur!« ...

Die Kommandantur hat nächtliche Ausgangssperre befohlen. Am späten Abend ist kein Mensch mehr auf der Straße. Mein Schritt hallt vielfach von den Schluchtwänden der Häuser nach. Paris ist vollkommen erstorben – eine Totenstadt. Nicht vorstellbar, daß hinter den geschlossenen Läden Schläfer atmen.

Die Alliierten sind in der Normandie gelandet. Ich bin zum letztenmal in Paris. Wenn man die kleinen Zeichen nicht zu deuten wüßte, könnte man meinen, die Invasion stehe erst bevor. Die Straßen bieten das übliche Bild. Keine Spur von Spannung und Nervosität. Immer noch fährt man sonntags mit Vélotaxis zum Rennen nach Longchamp oder Auteuil. Wer über genügend Geld verfügt, steuert abends mit dem eigenen Rad eins der schwarzen Restaurants an, wo die Fahrräder von betreßten Dienern mit der gleichen Würde bewacht werden wie ehedem die Zwölfzylinder.

Die grünen Omnibusse mit der Aufspringplattform hat der Benzinmangel stillgelegt, und so fahre ich noch einmal mit der Métro.

Die auf den schwarzen Asphalt der Bahnsteige geworfenen gelben Métrobilletts tragen jetzt eine Botschaft: Sie werden zusammengefaltet und so eingerissen, daß ein V-Zeichen entsteht. Ich luchse, wer diese Markierungen macht. Sie tun es alle, Schülerinnen, Arbeiter, alte Männer – alle ohne hinzugucken, mit betont gleichmütigen Gesichtern, als wüßten sie gar nicht, was ihre Finger da treiben: reiner Zufall, wenn sie das englische Siegeszeichen aus dem Billett herausreißen.

Viele Mädchen tragen Blusen mit hübschen Mustern. Erst wenn man genau hinguckt, werden die Muster zu Schriftzeichen:

viele hundertmal »vive la France«. Genau hingucken – wer das tut und auch genau hinhört, kann eine Menge erfahren.

Die deutschen Panzerwagen, die über das Pflaster rattern, werden von den Straßenpassanten kaum eines Blicks gewürdigt. Nur der Halbwüchsige, der bettelnd auf einem kleinen Blechsaxophon mit einer Papiermembran Lieder bläst, wird böse, weil das Gerassel der Ketten sein kümmerliches Gedudel übertönt. Die Mannschaftswagen, die den Panzern folgen, sind mit viel Grün besteckt – wie die Stellwagen, die in Berlin für den Maiausflug herausgeputzt wurden.

Luftalarm. Von den Franzosen wird das Sirenengeheul auch jetzt nicht ernstgenommen. Sie betrachten nur interessiert den Himmel. In der Nähe der Métrostation stehen Männer herum mit alten französischen Stahlhelmen auf den Köpfen und gelben Binden am Ärmel. Sie kommen sich – man merkt es an ihrer Verlegenheit – deplaciert vor. Die Leute ärgern sich, daß die Métro während der Alarme und längere Zeit danach nicht fährt.

Eine lange Schlange mitten auf einem Platz. Am Kopf der Schlange ein alter Mann mit einem eisernen Stuhl. Ich begreife den Anblick nicht. Die Schlange scheint geduldig auf etwas zu warten. Da kommt ein Bursche mit dem Fahrrad und wirft einen Stoß Zeitungen auf den Stuhl. Ich lese das Balkenwort: »La Libération«. Es steht in Anführungsstrichen. Darunter Bilder von Flüchtlingselend, wie ich es überall auf den Straßen gesehen habe. Die Anführungsstriche können sich die Franzosen leicht wegdenken.

Ein Kradschütze fährt um ein Haar eine Trotteuse um. Keine Aufregung, im Gegenteil – beide amüsieren sich. Wie von einem Regisseur ausgedacht: der total verdreckte Soldat und die Trotteuse in ihrer Kriegsbemalung. Die Flics haben endlich ihre Capots auf der Wache gelassen: Sommer. Hitze. Die Butte ist bevölkert. Das Licht macht auch noch den Püppchen- und Andenken-Kitsch schön: Bald wird die Kundschaft wechseln.

Um einen Chansonnier mit Ziehharmonika hat sich ein dichter Ring gebildet. Seine Frau verkauft Noten. Zwei Mädchen wagen ein paar zaghafte Tanzschritte. Ich sehe diese Tanzschritte und die Balkenüberschrift »La Libération« in eins.

Es ist Sonntag. Die Boulevards sind verlassen. Nicht mehr lange, und der Strom der Hamster-Ausflügler kommt zurück: Fahrräder, Dreiräder, Tandems. Viele Radler kostümiert wie Jockeys. Sie müssen scharfen Ausguck halten, damit sie nicht von Gendarmeriestreifen erwischt werden. Niemand weiß so recht, woran er mit den Gendarmen ist. Einige gucken, wenn sie einen deutschen Offizier sehen, den sie grüßen müßten, mit gut gespieltem plötzlichen Interesse für einen anderen Anblick weg.

Das Abendlicht hat warme Töne zwischen Silber und Gold mit einer Spur Rosa darin. Die Luft ist nicht kühl und nicht warm. Die Häuser strahlen gespeicherte Tageswärme ab, aber durch den Straßencañon kommt ein kühler Luftstrom von der Seine her – kühle und durchwärmte Schwaden wechseln. Die Luft ist quasi marmoriert. Alles atmet Frieden, wie ich da auf meinem Stühlchen an der Place Saint-Germain hocke – alles täuscht. Hinter mir höre ich zwei Keulenhosen halblaut räsonieren: »Die paar Panzer, die haben wir schnell ins Wasser gejagt! Phantastische Idee vom Führer, die Amis in die Falle zu locken. Die karren jetzt ihren Krempel zur Verschrottung über den großen Teich herbei – zum Totlachen!«

Wie immer, wenn ich mit mir zurechtkommen will, gehe ich an die Seine. Seineaufwärts glühen ein paar Mansardenfenster wie von Zimmerbränden auf. Dann wird das ganze Haus von dunkel glosendem Rot entmaterialisiert, der schwere Sandstein transparent. Die Quai-Mauer stößt, von der verjüngenden Perspektive zum Pfeil gespitzt, schwarzviolett in den Farbrausch hinein. Kein Mensch außer mir scheint zu bemerken, was dem Haus widerfährt. Und nun kommen Schaluppen die Seine herab – ein Bild der Fauves, eins von Vlaminck, dem wildesten von allen. Der Himmel verblaßt. Dann wird er hellviolett übertüncht. Aber der Brand vor mir dauert immer noch an. Ein großes Atelierfenster fängt Feuer. Und nun auch ein Spitzturm am Palais de Justice gegenüber.

Die Seine ist ein Blutstrom. Jedermann müßte Angst bekommen und schreien, aber die letzten Radfahrer fahren weiter über den Pont Neuf, von der Mauer halb durchgeschnitten. Die Köpfe der Passanten bewegen sich wie rotüberfangene Rosenkranzperlen vorüber.

ROCHEREAU
Soirée
20h45
PRIX
UNIQUE 5
Scheebert
134
Bd. MONTPARNASSE
RESTAURANT
BAR
MUSIK
PERMANENT
SOIRÉE
2040

Mein Paris

Paris – gibt es das überhaupt? An den Namen läßt sich kein Plural-S anhängen, und trotzdem: Diese Stadt gibt es im Singular nicht. Ich kenne mehr als hundert Städte, die allesamt Paris heißen und ganz und gar verschieden voneinander sind. Und ich kenne keine zwei Menschen, die von Paris das gleiche Bild haben.

Das betriebsame Viertel im Osten, in dem der Zeichner Bellmer wohnte, ist Paris. Das um die Entrepôts de Bercy oder um den Kanal Saint-Martin herum ist genauso Paris wie die Avenue de Hoche. Das schwüle Sündenbabel um die Place Pigalle ist Paris wie die gelassene, großräumige Noblesse der Place Vendôme.

Diese allumfassende, gewaltige Stadtpersönlichkeit hat tausend verschiedene Charakterzüge. Die ländliche, von schwarzen Katzen behutsam durchschrittene Stille der Ile Saint-Louis gehört zu ihr wie das heftige Pulsieren der Rue de Rivoli in der Gegend der Samaritaine und des Bazar de l'Hôtel-de-Ville, wo man von der Straße weg Kanarienvögel, Aprikosenbäume, Pelzmäntel und lebende Schildkröten kaufen kann.

Aber mein Paris – das war nicht das reiche Paris der eleganten Wohnviertel zu beiden Seiten der Avenue Foch, sondern das der armen Quartiers, zum Beispiel das stinkende Elendsviertel mit den aberhundert Huren in der Nähe der Porte Saint-Martin mitten im Herzen der Stadt oder das schmutzig vergammelte Viertel hinter dem Hôtel de Ville.

Aber es war auch das frühlingshaft beschwingte Paris der Quais, das düstere Paris der Conciergerie. Das dunkle Wort »morgue« gehört zu meinem Paris wie das zärtliche »Ménilmontant«, die Verse der poètes maudits wie die melodienreichen Liebeserklärungen Chevaliers.

Mein Paris – das war vor allem Kunstentdeckung auf Schritt und Tritt, also nicht nur in Galerien. Sogar noch die silbrige Luft erschien mir als Kunsteffekt. Augenfutter noch und noch. Wie die Marktfrauen Früchte, Fische, Schalentiere aufgebaut hatten – das war Kunst. Die Arrangements in den Schaufenstern – Kunst. (Zu Hermès in der Rue Faubourg Saint-Honoré pilgerte ich bald nach jeder Ankunft, um zu sehen, was die Dekorateurin sich wieder hatte einfallen lassen.)

Paris – das war für mich Kunst durch alle Poren, über alle Sinne. Die Kochkunst, die Horticultur – die edle Gartenkunst –, die Chansonniers. Baudelairesche Verse, die Lieder des Vaganten Villon – das waren die Drogen, die ich damals inhalierte.

Man brauchte kein Geld, um sich in den Rhythmus der Stadt einbezogen zu fühlen – eins mit mir und der Welt konnte ich in Paris besser als anderswo leben, so als wäre der Tag, der eben an der Reihe war, der einzige in der unermeßlichen Abfolge der Jahrhunderte. Mir kam es vor, als lebte die ganze Stadt im Heute, statt auf die Zukunft zu setzen. Für mich war Paris vor allem im Frühling ein Fest, eine Augenweide, eine holde Verklärung.

In Paris haben die Maler immer gewußt, daß Bilder vor allem – auf eine vergeistigte Art – der Augenweide zu dienen haben.

Kurz nach dem Krieg notierte ich in Wiedersehensbegeisterung: »In meinem Paris gibt es keine Bankiers, Jobber, Schwarzhändler, Schieber, Rechtsanwälte, Industriebonzen, Versicherungsagenten. Dafür aber Tausende gutgewachsener Mädchen, die der Göttin Schönheit als Tempelhüterinnen dienen, die Puder mischen und Parfums feilbieten, die auf eine unnachahmliche Weise Schleierchen und Flitter auf traumhaften Hütchen wehen lassen und die herrlichsten Stoffe der Welt um die Hüften von Modellpuppen drapieren. Es gibt ganze Viertel, in denen nur unnütze Nippes gemacht werden, allerlei Kurioses, Verspieltes, Leichtfertiges, wofür der Franzose das Wort ›bibelots‹ bereit hat. Es gibt hier ganze Industrien, die nur Leichtes, Flüchtiges, Vergängliches produzieren, die dem Beschwingten dienen, der Verheißung und dem Zauber, und das raffiniert Gefälschte natürlich auch. Die Labors, die sich um nichts als um die Kußfestigkeit von Lippenstiften bemühen, passen vorzüglich in diese Kategorie.

In Paris weiß man eben noch, wie wichtig der Luxus für den Menschen ist. Es gibt ganze Straßenzüge, die nur dem Luxus dienen, in denen nichts Nützliches zu erstehen ist, wohl aber die erlesensten Spitzenblusen der Welt, die berückendsten Schleier, die kunstvollsten Hochzeitskuchen – allerlei verspielte Erfindungen, Musikdosen, Automaten der vielgestaltigsten Art, keine Roboter etwa, sondern ganze Vogelbäume, in denen es aus kleinen stählernen Kehlen singt und zwitschert und wo des Flügelschlagens kein Ende ist – Huldigungen an den großen Automatenbauer Vaucanson – und Puppenstubengerätschaften, so winzig, daß man zum Betrachten die Lupe zu Hilfe nehmen muß.«

Souvenirs perdus: In meinem Paris lagen noch Clochards reihenweise auf den Rosten der Métroschächte wie gefallene Straßenkämpfer. Die letzten wahren truands trafen sich unter den Brükken – Gauner, die noch die Tradition hochhielten: »Juger la belle ouvrage des anciens qui savaient travailler.« Sie waren auf dem Quivive, um nicht »se faire pincer«.

Mit ihnen sind alle meine Kronzeugen für die gute alte Zeit verschwunden: Der Ballonverkäufer, der sich einen Spaß daraus machte, auch Präservative aufzublasen und zwischen die bunten Ballons an die Holzstange zu hängen. Der distinguierte Herr, der am Boulevard des Italiens aus einem großen Henkelkorb gebrannte Mandeln verkaufte und ausgezeichnete Geschäfte machte dank seiner Aufmachung, die absolut impeccable, makellos, war. Ich sehe den zierlichen Mann, der sicher Tänzer gewesen war, vor mir: Alle paar Minuten schlug er sich mit einem wollenen Tuch gemutmaßte Staubpartikel von den hochglänzenden Lackschuhen. Er sagte kein Wort. Die Leute bestaunten ihn und kauften.

Nicht weit von ihm »arbeitete« der Mann, den ich das »Hundeelend« nannte, ein Bettler mit einem dressierten Hund, beide der Dreigroschenoper entsprungen: Mensch wie Tier Meister der Verstellung, Rührszenendarsteller, die Steine erweichen konnten und entsprechend Kasse machten. Dieser kerngesunde Gauner konnte den »cul-de-jatte«, den beinlosen Krüppel, perfekt mimen. Sein Hund warf sich an ihn, wenn sich ein Passant näherte, und jaulte verzweifelt auf, als wäre die letzte Minute für ihn und seinen Herrn gekommen. Allzu nahe zu kommen war unerwünscht. Mein Gauner hatte Steine in Reichweite, um damit zu werfen.

Der Halbjapaner, der sich ein Vergnügen daraus machte, auf eine ganz besonders aufwendige und komplizierte Weise seine Umwelt zu verstören, ist auch verschwunden. Wenn genug Leute um ihn herum auf der Caféterrasse saßen, begann er, aus den dünnen Seiten eines Schreibblocks – anscheinend nur sich selber zum Vergnügen – mit äußerst geschickten Händen, das Papier kniffend und rollend, Blütenblätter zu formen, aus denen er in halbstundenlanger Arbeit schließlich eine Rose zusammensetzte, die er immer wieder kritisch oder verzückt betrachtete, verbesserte und zurechtbog. Schließlich hielt er sein kunstvolles Werk am ausgestreckten Arm prüfend von sich und vollführte gemessene Gesten der Selbstbewunderung. Wenn dann die Aufmerksamkeit aller Leute an den Nachbartischen auf ihn gerichtet war, die Flaneure stehenblieben und ebenfalls Zeichen der Bewunderung und des Vergnügens von sich gaben, schlug er zu: Er praktizierte seine empfindliche Blüte zwischen die flach aneinandergelegten Handflächen, die er dann, bei ausgestreckten Armen, heftig gegeneinanderrieb, als wollte er einen Quirl zum Rotieren bringen, und im Nu war aus dem Wunderwerk ein klägliches Gekrümel geworden, das der Japaner eiskalten Gesichts mit einem lässigen Hinfahren des Handrückens vom Tisch fegte. Die Zuschauer erstarrten, einige brachten »oh, oh, oh« oder andere Ausrufe der Empörung hervor – und gerade das war für meinen Japaner der Augenblick höchster Befriedigung: Mit erhobenen Brauen blickte er, ganz Befremdung, um sich und wedelte ärgerlich auch noch die letzten Papierfetzen vom Tisch.

Ein Künstler? Ein Philosoph? Jedenfalls ein Mann nach meinem Geschmack: Ich sah seiner Rosen-Schändung dreimal zu.

Und die vielen Existenzen, die gegen die Zeit lebten und sich gebärdeten, als sei immer noch das achtzehnte Jahrhundert an der Reihe, allenfalls das neunzehnte.

Der Elegant, den ich für mich Oscar Wilde nannte und der allmorgens von der Place Saint-Michel her seineabwärts an den

Bouquinistenkästen vorbeidefilierte, so finsteren Gesichts, als strebe er einem Duellplatz zu, das Florett im Spazierstock verborgen ...

Der verrückt gewordene Artist, der Schlag zehn Uhr im rotweiß gestreiften Trikot, Strohhut à la Chevalier auf dem Kopf, auf seinem Fahrrad den Boulevard Saint-Michel herunterkam und seine Runde um den Flic drehte, der inzwischen den Verkehr anhielt ...

All die unbeugsamen kleinen Commerçanten meines Quartiers, die sich schlecht und recht durchschlugen und auf ihrem Existenzrecht beharrten ... Sie taten gern, als wäre es ihr Lebenszweck, zu demonstrieren, daß sich die Kleinen noch immer gegen die Großen behaupten können, wenn sie sich nur entschlossen und unverführbar zeigten ... – und nun haben sie doch verloren.

Der Kohlenhändler ist auch schon Asche, dem ich aus meinem Hotelzimmer quer über den Hof zusehen konnte, wie er – mitten am hellichten Nachmittag – seine Frau auf dem Küchentisch hernahm und sich dann mit seinen schwarzen Händen eine alte Zeitung langte und die Bescherung vom Tisch und dem weißen Bauch abwischte ...

Ich weiß noch von einem anderen – dem Coiffeur des Quartiers, der seinen eingeschäumten Klienten auf ein Signal aus dem ersten Stock hin sitzenließ und zur Erklärung für sein plötzliches Verschwinden »la nature parle« von sich gab ...

Mein Paris – das sind die spillerigen Mädchen, die mit hohen Schwindsuchtstimmen tapfer mitten in den Straßenlärm hinein am ersten Mai ihr »Muguets! Muguets! – achetez les belles muguets!« riefen. Und wenn ich diesen dünnen Verzweiflungsrufen nachlausche, höre ich auch gleich das Klagelied der Glaser in den Gassen, die von den Quais zum Boulevard Saint-Germain-des-Prés führen, schauerlich klingen: »Vitrier, vitrier!« Dieses monotone Wehgeschrei tönt mir in den Ohren, seit Jean Cocteau es in seinem Film ›Orphée‹ wie Stimmen aus der Unterwelt heulen ließ.

Mein Paris – das ist das Paris der Gauner, die in hundert verschiedenen Kostümen aus dem Fundus von Daumiers Robert

Macaire auftraten: als Taxifahrer, als Cafékellner, als Galeriebesitzer.

Eine Caféterrasse am Boulevard Saint-Germain. Ganz oben, dicht unter der Markise ein Schild: »Die verehrte Kundschaft wird gebeten, von den Kellnern erfragen zu wollen, ob der Service im Rechnungsbetrag inbegriffen ist.«

Einer der Gäste muß dieses kaum sichtbare Schild genau gelesen haben, denn er fragt beim Bezahlen den Kellner mit deutschem Akzent: »Est-ce que le pourboire est compris dans l'addition?«

»Mais non, monsieur!« antwortet der, mit dröhnender Empörung in der Stimme.

Der Mann zahlt. Aber später, als er nochmal aufs Klo geht, liest er die Tariftafel und zeigt, als er sich wieder ins Lokal wendet, ein besorgtes Gesicht. Ich sehe, wie er rechnet und rechnet. Dann ermannt er sich plötzlich, den Kellner zu fragen, wieso er ihm falsche Auskunft gegeben habe.

Nun kommen die anderen Kellner und bilden einen Kreis. Der Gast – ein älterer Studienrat aus Deutschland? – verwünscht jetzt sicher seinen Protest.

Was er denn gesagt haben solle, will der Kellner wissen. Jetzt ist für den Beschwerdeführer kein Entkommen mehr. Hier findet ein Verhör statt. Das pourboire – das Trinkgeld – sei nicht im Preis, hätte er gesagt. Aber nach dem angeschlagenen Tarif ...

Höhnisches Grinsen malt sich sogleich breit auf dem Gesicht des angesprochenen Kellners.

»Et après?« will er wissen.

Das wäre doch, das wäre doch ...

»Quoi?«

Betrug will der Geneppte nicht sagen. Jetzt darf er sich erst mal in der Defensive winden. Ich weiß, wie der Dialog weitergeht, und kann jede Einzelheit, jede Variante goutieren.

Nach dem angeschlagenen Tarif, stottert der Aufmüpfige, und dem, was er bezahlt hätte ...

»... war der Service in der Rechnung inbegriffen«, fährt ihm der Kellner dazwischen.

Der Fremde kapiert immer noch nicht. Zwei andere Kellner

klären ihn fast synchron auf: »Le *service*, monsieur, mais pas le *pourboire!*«

Der Galeriebesitzer S. ist einer der raffiniertesten Händler in der Rue de Seine. Er hat sich zwei alte Friseurstühle hingestellt. In die komplimentiert er seine amerikanische Kunden und legt ihnen dicke Mappen mit Graphikblättern vor – alle mit groß auf die opulenten Passepartouts geschriebenen Künstlernamen, damit es gar keine Verlegenheiten geben kann. Seine Spezialität aber sind alte Plakate. Ich bin gerade im Laden, als ein verschüchtertes Männchen hereinkommt. Es ist um die Fünfzig und trägt eine dicke Rolle unter dem Arm.

Mein Mann wittert sofort Beute. Er kann es nicht erwarten, sie in Augenschein zu nehmen. Das Männchen löst auch schon das Packpapier, und auf dem Tisch entrollen sich seltenste Drucke von Lautrec, Bonnard, Vuillard, Steinlen und anderen – allesamt »vor der Schrift«.

S. macht Kammerspiel. Die Szene wird wortlos ausgespielt. Sehr viel Zeit verstreicht so. S. hat dazu eine bekümmerte Miene aufgesetzt. Schließlich sagt er dem Männchen mürrisch, fast angewidert: »Dommage – jammerschade, keine fertigen Plakate . . . Da fehlt ja überall die Schrift!« Das Männchen muß es sich gefallen lassen, daß ihm seine eigenen Plakate Stück für Stück vorgeführt werden. S. holt dazu Vergleichsstücke herbei und demonstriert – jetzt mit todtrauriger Miene –, wie solche Plakate »eigentlich« auszusehen hätten. Das Männchen akzeptiert schließlich eine Summe, die ungefähr einem Zehntel des Wertes der »normalen« Plakatdrucke, also solchen der »ordinären« Auflage, entspricht. Eine harte Prüfung für mich: Exemplare »avant lettre« sind das Vielfache der ordinären Ausgabe wert. Wie kann ich es dem armen Männchen nur zu verstehen geben – mit S. neben mir –, daß es von mir eine stolze Summe geboten bekäme, wenn es seine Affichen nur wieder zusammenrollte und sie mir im nächsten Bistro verhökerte? Aber das Männchen zieht schon demütig ab.

Direkt neben dem Plakathändler ist der Antiquar B. etabliert, der zum Hohn der ganzen Straße seinen Meister in seinem ersten Gehilfen gefunden hatte. Jahre hindurch zahlte er ihm Rechnungen und dazu noch Provisionen für das Herbeischleppen von Folianten und einzelnen Stichen aus einer geheimnisvollen Quelle: Die Quelle war das eigene Lager.

Der alte Graphikhändler Legrand mit den hundert Modell-Lokomotiven und aberhundert Medikamentenschachteln residiert statt in einer Galerie in seinem Fuchsbau: Ein Fuchs war er weiß Gott. Kaufte billig unsignierte Picasso-Radierungen aus Editionsresten zusammen, reiste damit in den Süden und mietete sich in Picassos Nähe so lange ein, bis er gegen Geld Hunderte davon signiert hatte und der gerissene Kerl nun enorme Dollarpreise dafür fordern konnte, die er ständig nach den neuesten Devisennotierungen variierte, bis zur dritten Stelle nach dem Komma exakt.

Das Volk von Paris

In der Rangfolge der Geldausgaben fürs tägliche Leben kommt für den »kleinen Mann« in Paris zuerst Essen und Trinken und dann erst das Wohnen. In Wohnbehaglichkeit hat er nie viel Geld investiert. Die Behausungen sind meist ärmlich, nur mit dem Nötigsten versehen. Was Wunder, daß er seine freie Zeit nicht gern zu Hause verbringt – on sort: Man geht aus, und wenn es nur ins Bistro ist. Hier trifft man die copains. Nur der feinere Mann macht das Restaurant zum Rendez-vous-Platz – die copains sind dann die Geschäftsfreunde.

Eine Menge Bistro-Besitzer sind Goldminen-Inhaber. Man muß nur mal, wenn man am Zinc vor seinem coup de rouge steht, auf das Kassenklingeln achten, auf die kurzen Intervalle vor allem. Das geht so den ganzen Tag: »Une fine«, »un café – mais bien arrosé«, »un coup de rouge!« . . . Zu essen gibt es auch etwas. »Une tartine beurrée«, »un Croque-Monsieur.« Und wenn der Bistro-Besitzer gar noch die Konzession für den Tabakverkauf hat, ist er ein kleiner König im Viertel. Das ständige Putzen all des Nickels, Zinns, Kupfers und Chroms besorgen andere für ihn.

Das Nützliche mit dem Angenehmen zu verbinden, das sei die größte Fähigkeit der Pariser, heißt es. Das Leben zum Spektakel zu machen, möchte ich als zweitwichtigste anführen. Sich selber zu empfinden beim Argumentieren und Räsonieren, ist für den Pariser das halbe Leben.

Von Spiegelfronten zerstückte und umgedrehte Schriften, Marmor-Trompe-l'œil, Caféhauskorbstühlchen, zwei Kriegsveteranen, ein Hundemischling und im Spiegel ein auf der anderen Straßenseite auf Kundschaft wartendes Mädchen: Simultanbilder wie von einem Dreigroschenoper-Regisseur arrangiert.

Der Sonntag gehörte für mich, wenn ich in Paris war, allemal dem »Puce«. Zwischen den Verkaufstischen auf wackligen Bök-ken, den Buden und den »regulären«, ordentlich numerierten Antiquitätenverliesen hindurchtrotten, bis die Füße brannten ... Dann gab es einen coup de rouge in einem der vielen Bistros, die

nur an den drei Puce-Tagen auf hatten. Unter den vielen Fieranten, die von weither auf die Sonntagsmärkte kommen, gibt es Spezialisten. Hier ist einer für symbolische Bronzefiguren aus dem Arsenal der Akademiker, mit denen – in viel größerem Format freilich – die Oper herausgeputzt wurde.

SALLE DE RÉUNIONS
TABAC

THEATRE
MICHEL
NAT
CHATELET

DE SYLVIA
CONSULTEZ

MARCEL

BIJOUX

DE FUMER

Für mich ist die Métro nicht nur ein Transportmittel, sondern das intensivste Spektakel, das Paris zu bieten hat. Reverenz dem Ingenieur Fulgence Bienvenue, der die Hauptlinien baute (eine Station des Montparnasse heißt ihm zu Ehren »Bienvenue«). In den Rumpelkästen, die wohl schon zu Zeiten der Marneschlacht durch die Höllenschlünde ratterten, zeigt Paris all seine phantastische Fauna und Flora vor. An den Namen der Stationen kann

ich mich eher delektieren als an der Liste der Propheten, die ich als Schüler hersagen mußte: »Sèvres Babylone« – das ist schiere Mystik in den Eingeweiden der Erde. »Solférino-Bellechasse« – da schmettert ein Hifthorn. »Marbeuf« – das klingt kulinarisch nach guter Bouillon. »Mouton-Duvernet« – da bin ich auf dem Land und höre Schafe blöken. »Denfert-Rochereau« – ich sehe die Höllenpforte und giftblasende, grellrote Gehörnte.

Die im Geschäftsviertel um die Porte Saint-Denis und die Porte Saint-Martin tätigen Damen »mit der kleinen Tugend« haben auch am hellichten Tag Hochbetrieb. Genauso wie im eleganteren Viertel um die Madeleine gibt es auch hier um die Rue d'A-

boukir und die Rue de Cléry herum einen großen Mittagspausen- und Geschäftsschluß-Strich. Abends dürfen die Kleinpatrons ja nicht mehr vors Haus. Madame ist da streng. Die Stunde der Touristen kommt erst später.

NOUVEAU MODELE

Lincoln
NOUVEAU MODÈLE
HOTEL
291
CAFE L'Ecreviss
Slavia
Prima
L'Ecreviss

NOUVEAU MODÈLE
HOTEL
291
Slavia
Prima
L'Ecrev

RMA
BURMA
BURMA
ARNOUL
ROQUEVERT
LES
COM
DE

CINE
OPERA

NEMA

Wege durch Paris

Mein Paris – das war eine riesige Landschaft, in der man wochenlang spazierengehen konnte, durch endlose Straßenschluchten, über weite Pläne und grüne Inseln, Hügel und dörflich stille Plätze. Entdeckungsgänge: Plötzlich waren da Weinberge mitten auf dem Montmartre und stiller Mittagsfrieden im Garten des Palais Royal, in dem die Colette wohnte und aus guten Büchern mäßige Stücke machte und Cocteau seine graue Siamkatze streichelte. Und überall Liebespaare zwischen hastenden oder – je nach der Stunde des Tages – flanierenden Passanten. Ausruhen auf einer Bank unter einer Schar von Kinderfrauen im Parc Monceau oder im Luxembourg auf dem Rand eines Fontänenbeckens. Und eines Tages entdeckte ich dann plötzlich ein neues Quartier, das Denfert-Rochereau hieß, oder Ménilmontant, und über einen ganz besonderen, nur ihm eigenen Zauber verfügte.

Ich bin, während ich eine Vergrößerung nach der anderen entwickle und ins Fixierbad schifte, wieder auf den eigenen alten Spuren unterwegs:

Gegen das von den obersten Häusersimsen gesäumte Band des Sternenhimmels stehen Kastanienkronen. Auf ein paar breiten Blattfächern wecken die Laternen ein dumpfes Grün. Wie große leuchtende Speichen kreisen die Straßen um die Nabe des Etoile. Auf tönernen Schornsteinorgeln der gekippte Mond. Ein Duft von Erde in der Luft.

Durchschimmerte Markisen, Lichtkaskaden über Stühle hinweg. Enge Straßen mit schiefen Häusern – und nun die Hürchen: »pst, pst« und »faire l'amour?«.

Aus einer Anlage ein Strom von Akazienduft, süß, satt, süßschwül. Ziehharmonika und dann eine Woge von Bistrogestank. Handorgelmusik, Gitarrenklimpern. Lockungen von überall her. Die Straßen sind Mondschluchten, Mondcañons. Die Fenster blind und dunkel, das Pflaster bleich. Ein verzauberter Platz, Gitter, drunter das Brandungsrauschen der Métro.

Ich fahre ein Stück mit dem Ratterzug. An der Station Pigalle steige ich aus. Eine Schar halbwüchsiger Burschen umschwärmt mich. Sie haben alle etwas anzubieten: Postkarten, kleine Eiffeltürme, Seidenstrümpfe, Lederhandschuhe, sogar Schokolade – auch kleine Fotomäppchen. Einer flüstert: »Kino pervers!«, ein anderer: »Schweinbilder!« Ich jage sie allesamt zum Teufel, als ob ich Hühner scheuchen wollte.

Und nun hinauf zum Sacré-Cœur. Die schlafverfangene Place du Tertre. Die Stille ist regsam und lebendig. Ein Gendarm lauert im Schattendunkel.

Oder: Ich streune am Nachmittag durch die Briefmarkenbuden zu Füßen der Champs-Elysées. Auf schwarzen Bögen unter schützendem Zellophan die bunten Papiermosaike, die trotz der Frühjahrssonne fröstelnden Händler vor dem Hintergrund weißgelb-grauer Sandsteinfassaden. Die Kastanienknospen sind schon dick und honigklebrig. Ich fasse von weitem die Relikte der Weltausstellung von 1900 in den Blick: Grand Palais, Petit Palais. Ganz in der Nähe ist auch der Pont Alexandre mit seinem verrückten eisengegossenen Dekor.

Was hier alles in der Erinnerung an mir vorbeizieht! Erst die Deutschen mit Schellenbaum, hoch zu Pferde der Kompaniechef bei der täglichen Wachablösung. Dann die »gueules cassées«, die Veteranen aus dem Ersten Weltkrieg, die für mehr Rente marschierten. Marschierten? Hinter schweren Trikolore-Bannern hinkten, humpelten, schleiften sie ihre zerschossenen Gliedmaßen oder karrten sich in Dreirädern die Schräge hinan – jedes Jahr an Zahl deutlich weniger. Einer holte sich seinen Beifall im Zirkus. Ich sah ihn mit zwei Holzstümpfen statt der Unterschenkel im Cirque d'Hiver als Artisten auftreten: Rumba auf einem Stumpf, den anderen waagerecht abgewinkelt. Mir ist davon fast schlecht geworden. Wenn man – wie man im Zirkus beim Schlußbeifall alle Artisten gemeinsam auftreten läßt – noch einmal zeigte, was alles die lang auslaufende Schräge herunterkam, ergäbe das eine kuriose Parade, einen Maskenzug wie von Ensor: Hemingway wäre – in amerikanischer Uniform – gewiß auch dabei, und Hitler mit seinem brettsteif zum Gladiatorengruß abgestreckten Arm, natürlich nicht zu Fuß, sondern in seinem gewaltigen schwarzen Kabriolett.

Die Kronen der Kastanien auf der Avenue Henri-Martin, wo während des Krieges – aber damals hieß sie Jean-Chiappe – mein militärischer Chef, ein ehemaliger Gauredner, residierte, sind so dicht miteinander verwachsen, daß man vom Himmel nur noch hier und da einen kleinen Fleck erblickt. Vom Balkon der Dienststelle aus sehe ich einen grünen Fluß in der Schlucht der Häuser wogen – zum Trocadéro hin – und sich zum grünen See verbreitern, aus dem der Eiffelturm ragt wie der Gefechtsmast eines versunkenen Kreuzers.

Damals notierte ich: »Über die Bäume von Paris wird selten geschrieben, und doch bestimmen sie das Bild wie kaum in einer anderen Stadt. Fast alle Boulevards sind baumbepflanzt. Es gibt herrliche Kastanien in Paris. Wenn man im vierten oder sechsten Stock einer solchen Kastanienstraße wohnt, sieht man im Frühling unter sich weiß und rot schäumende Blüten wie in einer Schlucht dahinströmen: Vor lauter dichtem Dahinfluten ist nichts mehr vom Straßengrund zu sehen ...«

An den Sonntagen unternahm ich Fußmärsche durch verödete und zu dieser Stunde vollends menschenleere Viertel: Ich sehe mich herumstreunen, als Matrose der Kriegsmarine verkleidet, mit Knobelbechern und »halbem Schlag« in der Hose. Rue de la Paix. Dann, an den Gittern der Tuileriengärten entlang, über die gänzlich leere, wie kahlgefegte Place de la Concorde. Vor dem Jeu de Paume stehen heute noch die alten Bänke, von denen aus ich damals über den Platz der Eintracht hinblickte. Damals wehte auf dem Marineministerium und dem Hôtel Crillon die Reichskriegsflagge, und über den Platz zockelten Pferdewagen und schoben sich unendlich langsam Vélotaxis. Jetzt ist vor lauter Autoströmen der Steingrund kaum noch zu sehen. Hier erklärten die Führer im Dienst der Standortkommandantur: »Der Obelisk von Luxor, genannt Nadel der Kleopatra, 1836 aufgestellt, 5000 Zentner schwer, 23 Meter hoch, ist ein Geschenk Mohamad Alis.«

Dann über die Seine. Durch die enge Schlucht der Rue Bonaparte bis zur Rue de l'Université – und weiter nach Westen, vorbei an einem wohlproportionierten Stadtpalast nach dem anderen. Steinmetzarbeiten, Efeu, Prellsteine, Kutschendurchfahrten, viel Schmiedeeisen. Einmal trippelte, trappelte, truppelte eine Schwadron der Garde Républicaine aus einem Palasthof, und ich wähnte mich, mit all den Pallaschen und Schabracken vor Augen, nach Hollywood versetzt.

Aber wann war das? Doch nicht im Krieg!

Überall Geschichte – Geschichte auf Schritt und Tritt. Aber für den Pariser ist die über zweitausendjährige Geschichte kein »verpflichtendes Erbe«. Er fühlt sich nicht von ihrem strengen Blick angeschaut, sondern steht mit ihr auf du und du. Das Alte vermischt sich in Paris allenthalben mit dem Neuen. Es lebt nicht im Reservat. Geschichte ist hier gegenwärtig wie die Luft zum Atmen. Man münzt sie nicht aus. Man macht kein Aufhebens von all den berühmten Männern, die in der Rue Jacob geboren wurden, genächtigt haben oder gestorben sind, von all den illustren Häuptern, die vor dem Hôtel de Ville oder auf der Place de la Concorde in den Staub rollten mit Hilfe der Maschine des Doktor Guillotin, der in der Nummer 217 der Rue Saint-Honoré wohnte und durch seine so praktische wie schlichte Erfindung berühmt wurde.

Ich wende mich, von den Champs-Elysées kommend, nach links in die Region der großen Boulevards. Dort fluten mir Passanten in breiten Strömen entgegen. Seit die Deutschen hier das Straßenbild bestimmen, herrscht eine Art Rechtsverkehr auf den Trottoirs. Mir macht es Vergnügen, gegen den Strom zu laufen und die Franzosen und die Repräsentanten der Herrenrasse in den Blick zu nehmen.

Unter den Passanten mancher Zivilist, der leicht als Deutscher zu erkennen ist. Wodurch eigentlich? frage ich mich immer wieder. Es liegt an einer Summe von Nuancen: der Anzug, die Schuhe, die ganze Art des Sichgebens. Schon wie er die Schaufenster mustert, anstatt sie zu betrachten.

Auf der Straße überholt mich ein Tandem: Ein Mann und eine Frau in gleich gemusterten Pullovern treten die Pedale. An ihrem

Rad hängt ein zweirädriger Karren. In dem Karren hocken, dicht aneinandergedrängt, zwei Unteroffiziere der Luftwaffe. Ich sehe zum erstenmal ein Vélotaxi. Vor lauter Beschämung könnte ich in den Boden sinken. Jetzt steuere ich auf ein riesiges Plakat an einem Bauzaun zu. Ich lese die Balkenschrift: »Ouvriers français et allemands, unissez-vous«. Ein junger Mann mit Baskenmütze und ein Blondschöpfiger stehen sich Auge in Auge gegenüber, mit festem Händedruck vereint. Dahinter wie eine aufgehende Sonne das Hakenkreuz. Ich komme zur Place de l'Opéra. Die Garçons vor dem Café de la Paix bewegen sich in ihren langen Schürzen wie wandelnde Litfaßsäulen. Mit hohlem Kreuz geben sie sich und ihrem Tun mehr Bedeutung, als ihm mit Fug zukäme. Sie haben ja meist nicht mehr auf ihren braunen Rundtabletts als ein Kännchen Pfefferminztee oder ein Glas dünnes Bier.

Eine Straßenschlucht gibt den Blick frei auf Sacré-Cœur, die Akropolis von Paris, die ein Riese auf einer monströsen Töpferscheibe aus Kaolinerde gedreht hat. In ihr wohnt der milde Puvis de Chavannes.

Mein Freund Egon machte, als er noch Reporter war, eine Fotoserie ›Reise um die Welt‹, mit Moscheen, Minaretts, russischen Kirchenkuppeln, indischen und buddhistischen Tempeln. Sein Reise-Etat waren die Kosten für ein paar Dutzend Métrobilletts. Er hatte alles in Paris fotografiert.

Eine schnurgerade Straße saugt mich in sich ein. Ich kann gar nicht anders, als mich dem Sog der sich verengenden Perspektive hinzugeben. Ich laufe wie automatisch, Schritt für Schritt durch die engen Schluchten und die weiten Täler des Präfekten Haussmann, durch die Winkelgassen und über leere Plätze. Ich schlendere, schnüre, marschiere manchmal sogar. Ich lege sogar Eilschritt vor – aber dann wieder nöle ich nur so dahin und plappere mir vor: laufen, laufen, laufen – durch den Tag – durch die Nacht. Der Cornet und die Unbekannte aus der Seine. Beide gehören in jedes bessere deutsche Jungmädchenzimmer. Der Cornet aus der Seine – das könnte ein Schlager sein.

Dann denke ich mir: die armen Pariser – die kennen ihr Paris ja gar nicht! Wer Paris noch nicht zu Fuß durchmessen hat in allen Hauptrichtungen der Windrose, was weiß der schon! Man müßte für die Pariser einen Film machen – und zwar einen viele Stunden langen. Einfach die mit einem Weitwinkelobjektiv bestückte Kamera im Kinderwagen vor sich herschieben: Die Leute, die ihr Quartier kaum je verlassen, würden staunen – eine Offenbarung.

Es gibt viele elegante Viertel in Paris. Nur habe ich die nicht fotografiert. Die Quartiers von Passy, l'Alma, Auteuil, die von Monceau und um die Place des Ternes gehen mich sowenig an wie die um die Place Victor-Hugo und die am Boulevard Maillot. Sie hatten Gettocharakter. Was in ihnen geschah, blieb unsichtbar, von dichten Vorhängen der Diskretion verborgen. Der Reichtum ist langweilig. Die Misere hingegen pittoresk.

Mein Paris – das war das Herz von Paris, die dunklen Winkelgassen auf beiden Ufern der Seine, die von der Seine umflossene Ile Saint-Louis, die Gegend um die Halle aux Vins und die um die Halles Centrales. Das waren die großen Boulevards von der Madeleine bis zur Place de la République. Das waren die nach Norden aufsteigenden Sträßchen und Straßen, die Rue Montmartre zum Beispiel, die paar sündigen Kilometer von der Place de Clichy bis hin zu den schwarzen vernieteten Eisengerüsten der ober- und unterirdischen Kreuzstation Barbès-Rochechouart und natürlich die Utrillogassen um die Butte, die Gegend, die von dort nach Norden abfällt auch – bis hin zur Porte de Clignancourt und dem »Puce«. Das Quartier um die Place Saint-Sulpice gehörte dazu, wie das zwischen der Seine und dem Boulevard Saint-Germain. Aber auch die schäbigen Gassen zu beiden Seiten des Boulevard de Sébastopol und die Tristesse der Gegend um den Kanal Saint-Martin und das Bassin de la Villette, von wo aus es nicht mehr weit ist zu den riesigen sterbensgrausigen Schlachthöfen.

Wie ein Kontrapunkt gehörte das monumentale Paris dazu: vom Arc de Triomphe, dem Etoile über die Champs-Elysées und der Place de la Concorde durch den Jardin des Tuileries, durch den kleinen Triumphbogen bis in den Innenhof des Palais du Louvre – für den bildungshungrigen jungen Mann in der Uniform des Großdeutschen Reiches war das Stadtarchitektur schlechthin, Ausdruck von Staatsmacht, Glorifizierung durch Architektur.

Es wird gern behauptet, in Paris habe alles das Maß des Menschlichen. Das stimmt nur zum Teil: Vieles hat in Paris das Maß des Pomps. Das offizielle Paris jedenfalls gibt sich mit einer Imponiergebärde, wie man sie sonst in der Welt kaum antrifft, und auf der Place de la Concorde muß man sich eher verlassen als angeheimelt vorkommen – vor dem Fernblick aus dem Louvre-Hof bis hin zum Arc de Triomphe de l'Etoile gar wird man zum Zwerg diminuiert.

Der Louvre sei so unermeßlich weitläufig und verwinkelt, erfuhr ich als Soldat, daß ganze Familien einem on dit zufolge dort leben konnten, von der Verwaltung ignoriert und unbehelligt. Auch daß der große Durchblick den brandschatzenden Republikanern zu danken sei, die 1871 das Palais des Tuileries zerstörten, aber nicht Hand an die beiden Flügel des Schlosses legten, erfuhr ich und hielt die Republikaner für im wahrsten Wortsinn weitsichtige Leute. Und daran, daß das nach Vogelzwitschern klingende Wort »Tuileries« nichts anderes als »Ziegeleien« bedeutet, hatte ich schon damals mein Vergnügen. Dutzende von Malen legte ich diese lange Strecke auf meinen Knobelbechern zurück – gegen den Sonnenaufgang über den Louvre zu und in die sinkende Sonne hinein, die im Untergehen den Arc de Triomphe zerschmolz.

Elf der zwölf vom Etoile ausstrahlenden Avenuen waren nicht mein Paris. Nur die Champs-Elysées gehörten dazu.

Dicht neben dem ruhmredigen, dem majestätischen Paris, dem Paris des Pomps und der Grandeur behauptet das armselige, verkommene Paris sein Lebensrecht.

Man könne nirgends mit soviel Anstand arm sein wie in Paris, sagte mir ein Schriftstellerfreund, der es wissen mußte. Das Wesentliche gebe es gratis. Man brauche dafür sowenig seinen Obolus zu entrichten wie für die großen Anpreisungen vor den Schaubuden der Rummelplätze. Was drinnen stattfinde, sei ja – nach aller Erfahrung – eh nichts mehr.

Ohne Zweifel: In meinem Paris habe ich mich wohl gefühlt – erhoben sogar. Auf Schritt und Tritt kamen mir tiefgründige Erkenntnisse. Woran das liegen mochte, habe ich mich oft genug gefragt. Ob die Franzosen nicht ganz einfach das Leben so realistisch beschrieben und gemalt und ihre Philosophen ihre Erkenntnisse so unmittelbar aus dem prallen Leben destilliert haben, daß einem in Paris so vieles bekannt und so leicht verstehbar vorkommt und daraus dieses Gefühl der Beflügelung erwächst? Ein umfassendes Déjà-vu? Man kommt sich plötzlich als Bruder Vauvenargues', La Rochefoucaulds, Chamforts vor, und die Chimären an der Kathedrale kann man gar nicht anders sehen als mit den Augen Victor Hugos.

Ich laufe kreuz und quer: ziellos. In meinem Kopf sitzt eine Kamera, für die ich den Film nicht zu sparen brauche wie für die vor der Brust. Ich nehme hier ein komisches Bistroschild »Le Veau qui Tette« auf, dort die geglückten Trompe-l'œil-Malereien auf einer Haustür, nehme die mit buntgefärbten Flüssigkeiten gefüllten, wie Brummkreisel geformten Glasbehälter im Schaufenster einer kleinen Apotheke ins Visier, beobachte eine Alte in ganz und gar verschlamptem Rock, wie sie einen zerquetschten Porree aus dem Rinnstein sammelt, lasse mein Augenobjektiv über das von oben nach unten verlaufende feuchte Schwarz auf den Mauerquadern einer zwischen die Häuser geklemmten Kirche wandern und denke dabei: »düsterer Hostienbehälter«. Ich taste die blatternarbigen Häuserfronten ab, die grau gewordenen Fenstertüren, die grauen Persiennes, die niedrigen Gitter, die hier statt der Balkone angebracht sind. Und nun gerate ich in eine enge Straße mit Kopfsteinpflaster, die so alt ist, daß ihre Häuser vor lauter Schwäche nicht mehr senkrecht stehen können, sondern sich nach hinten und gegeneinander lehnen. In einer Lücke sind mächtige Balken waagerecht als Stützen eingekeilt und an anderer Stelle schräge runde Stützbalken von der Straße aus, die Durchfahrt verengend, gegen das erste Stockwerk gerichtet. Plötzlich öffnet sich der Blick auf Bäume: Platanen – und zwischen den dicken Stämmen mit ihren Fleckenmustern wie eine Querstütze aus Silber das Band der Seine. Wieder die Seine. Alle Wege führen zur Seine. Ich überquere die Straße, spüre, wie weich der Asphalt ist, finde einen Durchlaß in der Ufermauer und die Treppe, die an den Fluß hinabführt. Und nun hocke ich mich auf einen Granitquader, der noch sonnenwarm ist, obwohl er schon im Schatten liegt, und fasse die Ile de la Cité in den Blick. Genau von dieser Stelle aus muß Signac sein Bild gemalt haben. Festliche, flimmernde Sonntagssonne. Weißblendende, ganz unpariserisch bombastisch aufgeplusterte Wolken über der Seine. Gegenüber am knappen Strand der Ile de la Cité stehen dunkle Angler wie auf einer Schnur aufgereiht. Darüber blenden ein paar Fenster, lösen sich ihre Konturen im Glanz.

Ein Bouquinist will mir einen Daumier verkaufen. Er redet mir wie besessen zu, führt mir schließlich mit Hilfe eines schmalen Radiergummis vor: Der Strich geht vom Radieren weg – er ist echt!

»Ja, aber nicht von Daumier – so schlecht kann der doch gar nicht gezeichnet haben.«

Das läßt der Bouquinist als Argument gelten und gibt sich geschlagen.

Hinter dem Doppelturm von Notre-Dame quillt eine riesige weiße Wolke, wie dorthin placiert, um den Türmen scharfe Kontur zu geben.

Über eine Brücke flaniere ich auf die Kathedrale zu. Vor dem Hauptportal hält ein Omnibus mit Soldaten. Sie bekommen von ihrem Führer eine deftige Szene gezeigt. Sie staunen, lachen und wenden sich lachend zum Gehen. Oben am Turm stützt der geflügelte, gehörnte Teufel sein Grimassengesicht in die Klauen.

Halb verschlafene Mittagsrast auf einer Bank der Ile Saint-Louis zwischen Clochards und verliebten Pärchen, eine Scheibe Pâté de Campagne in durchfettetem Papier auf dem Schoß, eine krachfrische Baguette in der Hand. Was für eine Labe! Ich spüre in der Erinnerung den Schmerz in der Kehle vom zu schnellen Schlukken. Gleich denke ich an andere meiner Picknickplätze – auch solche nach dem Kriege: Die Bank unter dem Denkmal Voltaires am Ausgang der Rue de Seine gehört dazu. Dort hatte ich immer Clochards neben mir und die wiederum die Flasche Rouge neben sich. Die Beine weit von sich gestreckt, ihr Taschenmesser in der rechten Hand, den linken Arm – damit sie nicht von der Bank rutschten – über die Rückenlehne gehenkelt, gaben sie sich kauend und mit versturtem Blick der Betrachtung des zwölffachen Verkehrsstroms hin, der hier vorbeiflutete.

Für einen Moment gelang es mir, mich in die Clochards zu

versetzen und den Verkehr auf den Quais nur noch als das Dahinfluten eines Stromes auf einem schlecht belichteten Kinofilm wahrzunehmen – eine optische Begleitung des eigenen Lebensgefühls. Die philosophische Frage – so plump sie auch sein mochte –, wer nun das bessere Los habe, überfiel mich angesichts der Szene unabweisbar, ich konnte mich ihrer genieren, soviel ich wollte. Mein Schluß war: In dieser Jahreszeit – es war Frühling – hat der Clochard den besseren Part. Aber schließlich gilt auch Lafontaines Einsicht aus ›Die Grille und die Ameise‹.

Nun steuere ich den Boulevard Saint-Michel an. Nicht direkten Wegs – bewahre! Ich arbeite mich durch Nebengassen heran. Katzen, Grünkramhändler, ein Maler, der alles anders malt, als er es vor sich sieht, der Laden eines Antiquars, eine Versammlung von Schwarzen beim Schwatz. Wieder dicke Balken, die sich in einer Häuserlücke gegen die Brandmauern baufälliger Hotels stemmen, und chinesische Restaurants, die mit ochsenblutfarbenen Schildern werben.

Die Bibelots – was für ein hübsches Wort – in den Schaufenstern der kleinen Läden sind rechtes Augenfutter für mich. Ich starre sie an wie Kinder den Weihnachtsbaum. Es gibt Auslagen, an denen jahrelang gebaut worden ist. Man könnte sie gar nicht mit einem Mal so herrichten, wie sie sich jetzt dem Blick darbieten. Meine Idee seit langem: ein Museum für Schaufenster. Solche Etalagen kaufen, Stück für Stück festkleben und dann ins Museum transportieren und in großen Kästen aufstellen. Das wäre etwas! Über die Leute, die hinter solchen Bibelotausstellungen ihr Leben verbrachten, eine Dokumentation anlegen und mit ausstellen. Über die Spezialisten für Salzfäßchen, für Teepüppchen, für Menagen, Kaffeewärmer, Spazierstöcke, Ohrringe, Apothekentiegel ... (Die Idee gefällt mir immer noch. Die Schaufenster wären allemal hübscher als der Dreck, die Papierkorbabfälle, der Schutt, die zerdepperten Autos, die Fettecken und schlecht verschnürten Kartons, die es in den feineren Kunstinstituten heute zu besichtigen gibt.)

Der Boulevard ist von Menschen überflutet. Ich tauche in den Strom ein. Stimmen hinter mir: »La Bible le livre le plus important. Achetez la Bible!« Blicke in Nebenstraßen wie auf echte

Utrillos. Vor einem Zigarettenladen eine Warteschlange: müde, ergeben, dumpf. Ein Mädchen hat senkrechte Striche auf ihren Waden gezogen, um Strumpfnähte vorzutäuschen.

Und ein paar Schritte weiter die Losverkäuferin, die in einem mit Reklame beklebten Büdchen hockt, das so eng ist, als wäre es ihr auf den Körper getischlert worden.

Weiter zum Luxembourg. Hier herrscht, obwohl die Stände mit Früchten, Luftballons und allen möglichen Kinderseligkeiten geschlossen sind, quirlige Betriebsamkeit. Viele alte Männer mit Baskenmützen zwischen den Kindern. Malte-Laurids-Brigge-Stimmung.

Für den Eisenstuhl wird mir eine Münze abverlangt. Eine Gruppe Bretoninnen in weißen Häubchen läßt sich wie ein Vogelschwarm neben mir nieder. Zeitungsleser, Nichtstuer. Kleine Karussells, auch eine kleine Schiffschaukel unter den Kastanien in einiger Entfernung.

Wieder hinunter zur Seine – wie immer. Ich kaufe an einem Stand in der Rue de Buci von einer alten knittrigen Frau für fünf Francs Veilchen. Nur, weil die Alte mich gerührt hat, als sie mir ihr Veilchensträußchen am langen Arm entgegenhielt. Nun weiß ich nicht, was ich damit machen soll. Hier schlurfen nur Hausfrauen in Pantoffeln und mit Lockenwicklern im Haar, Concierges mit schnell übergehängten schwarzen Mantillen herum.

Ich gehe die Rue de Seine hinunter, stecke von Zeit zu Zeit die Nase in das Veilchensträußchen, überquere den Quai direkt vor dem Institut de France. Einige Bouquinistenkästen auf der gegenüberliegenden Mauer sind aufgeklappt, aber es ist niemand zu sehen. Wahrscheinlich sind die Eigentümer in den Bistros neben dem Institut. Aber da entdecke ich doch, von einem Baumstamm fast ganz verborgen, eine Frau, die abwesenden Blicks, ihr Hündchen im Schoß, auf einem Gartenstuhl sitzt. Ihr werden wohl die paar offenen Kästen gehören. Ich stecke den Veilchenstrauß zwischen die Bücher, verschwinde zum Fluß hinunter und denke bei mir: Die wird sich schön wundern, wenn sie in ihrem Kasten kramt.

Hinter diesem ebenerdigen Bau lag das alte »bateau-lavoir«, Schauplatz der heroischen Epoche der modernen Malerei. Hier wurden die Inkunabeln des Kubismus gemalt. Hier gaben Picasso und seine Weggenossen dem Zöllner Rousseau das legendäre

Fest. Der Poet Max Jacob nannte den Holzbau »Akropolis des Kubismus«. Hier hausten: Braque, Juan Gris, Apollinaire, Marie Laurencin. Heute ist nichts mehr davon da. Am 13. 5. 1970 ist das legendäre »bateau-lavoir« abgebrannt.

Bar

Bar

Mein Paris – das waren nur im Krieg die Luxushotels. Dann aber so schäbige Herbergen wie diese hier. »Hôtel du Midi« – was für ein hochstapelnder Name! Und trotzdem: Wie sollte eine so dürftige Herberge denn anders heißen? Etwa »Aux Morbillons«? Hin und wieder stieß ich bei meinen Streifzügen in dieser Gegend auf eine Oase und fühlte mich gleich zu Hause: Ein Bistro, in dem ein Wirt mich als Fremdling mit aller Gastfreundlichkeit seiner

Heimat umgab und ein Couscous so gut kochte, wie ich es noch nie bekam – ein Markt, den ich noch nicht kannte . . . Alle diese Häuser sind verschwunden. Nicht der Zahn der Zeit hat ihnen den Garaus gemacht, die Bulldozerzähne der Bauspekulanten und der Stadtplaner waren es. Die alten Viertel sollten »saniert« werden und durch moderne Kerne attraktiv. Einer davon ist das »Centre Beaubourg« genannte Museum.

»Le veau qui tette« – »Das Kalb, das saugt«. In diesem alten Viertel zwischen den großen Boulevards und der Rue des Petits-Champs gibt es manchen drastischen Bistro-Namen. Leider sind die meisten alten Schilder schon verschwunden: »Vache trous-

sée« – »Geschürzte Kuh«, »A la truic qui filc« – »Zur Sau, die wegrennt«, »A la vieille qui bat le cabas« – »Zur Alten, die den Henkelkorb drischt«, »A l'andouille couronnée« – »Zur gekrönten Blutwurst«.

TTET

HOTEL
GENTIANE
SUZE

»Paris gleicht einer Frau: Es ist anziehend, abstoßend – aber gleichgültig läßt es einen nicht«, lese ich in einem fein ziselierten Feuilleton. Mit diesen Fotos vor Augen drängt es mich, deutlicher zu werden: Mein Paris – das war eher eine alte, herausgeputzte Vettel, der alles Parfümieren nicht mehr half. Mein Paris – das war der Gestank der Hallen und der Kotzreiz der Eau-de-Javel-Gerüche, vor denen ich mit angehaltenem Atem ausreißen konnte, als sei ein Dutzend Teufel hinter mir her. Diese Häuser waren gebrechlich wie alte Kriegsinvaliden – sie konnten sich nicht mehr ohne Krücken aufrecht halten. Jetzt sind sie verschwunden, Opfer der Stadtsanierung.

Trotz ihrer Schäbigkeit hänge ich an diesen alten Häusern, und der Kahlschlag in den alten Vierteln entsetzt mich. Wenn ich den Vormarsch moderner Hochhäuser sehe, vermag ich nicht mehr so recht an solche Feuilletonisten-Beschwichtigungen zu glauben wie diese hier: »Seit Generationen stutzt dieselbe Menschheit alles für ihre augenblicklichen Bedürfnisse zurecht. Und Paris paßt sich dieser Chirurgie an, welche man unablässig an ihm verübt. Wer hat es jemals ohne Wunden gesehen? Und trotzdem

bewahrt es seine Anmut und gedeiht weiter.« Der dies schrieb, Henry Bidou, hat die Wolkenkratzer und die Autoinvasion nicht kommen sehen. Der Stahlskelettbau und die Erfindung der Herren Diesel und Otto – haben sie nicht mittlerweile Paris wie jeder alten Stadt mehr Unheil als Nutzen gebracht?

Das Sündenviertel zwischen Place Clichy und Pigalle kleidet sich tagsüber bürgerlich: Marktkarren dort, wo nachts die Trotteusen promenieren. »La Maison Rouge est transférée«, heißt es am Bretterzaun mit den zerfetzten Plakaten. Jetzt ist es in der Rue Fontaine – gleich in der Nähe. Die auf nächtliche Abenteuer Erpichten haben es nicht weit.

Wer das Foto auf der nächsten Doppelseite genau betrachtet, entdeckt hinter dem französischen Gendarmen einen Kradmelder der deutschen Wehrmacht im Stahlhelm. Trotz Krieg war hier voller Nachtbetrieb, und die »Barman-Restaurants« der Firma Dupont machten neben der roten Mühle Reklame.

GRAFF
MOULIN ROUGE
MOULIN ROUGE

TOUT E
BARMAN RES
DUPONT METROPOLE
DUPONT MOKA
DUPONT LATIN
DUPONT BARBES
DUPONT BASTILLE
DUPONT CYRANO
DUPONT PARNASSE
DIRECTION
BARBES ROCHECHOUART
PLACE DE LA BASTILLE
MONTMARTRE PL. BLANCHE
BOUL. MONTPARNASSE
32 AV. WAGRAM-PARIS
CYRANO
Bar Brasserie Café
DUPONT T.E.B. BARMAN RESTAURATEUR

QUARTIER LATIN
OUBLIETTES
À 21h
DE LA JOIE DE LA GAITE
DE L'HISTOIRE
BAR-RESTA RANT

METRO
METRO

LOTERIE NATIONALE
LOTERIE NATIONALE
OPINIA

Märkte und Läden

Mein Paris – das sind die Fisch-, Fleisch-, Obst-, Grünzeugmärkte des Quartiers, aber auch die kleinen Märkte ohne Eßbarkeiten: der Briefmarkenmarkt, dort wo die Champs-Elysées anzusteigen beginnen, der Vogelmarkt und der Blumenmarkt, nicht weit vom Palais de Justice und der Polizeipräfektur. Die Flohmärkte der Banlieue, die »Foire à la Ferraille« und natürlich der große »Puce«.

Der Puce – das ist eine riesige Freilichtbühne für die Selbstdarstellung des sogenannten kleinen Mannes. Man geht ja nicht auf den Marché aux Puces, um dort zu kaufen, sondern um sich unter anderen drängelnden und schiebenden Leuten als Teil der Menge zu fühlen. Das Völkergemisch, das an Sonntagen aus der Métrostation Porte de Clignancourt quillt, strebt seinem Volksfest zu. Zusehen, vor allem zuhören, wie ein Amerikaner einen ›echten‹ Corot kauft: »Mais naturellement – un tableau bien authentique – avec garantie, monsieur!« Natürlich ist das Bild ein Bild – ein authentisches Bild . . . bien sûr, de l'époque . . . natürlich aus der Epoche – nur aus welcher? In die Menschenmenge zwischen den Fierantenbuden des »Puce« eingekeilt und wie auf einem langsam gestellten Fließband willenlos weitergeschoben, faßte ich den Plan, eine Ausstellung zusammenzutragen, die einen Titel wie »Das wahre Schöne« haben könnte und alles zeigen soll, was sich die Spießbürger und auch das sogenannte einfache Volk anstatt des von Kulturpäpsten verordneten Kunstgutes tatsächlich in ihre Behausungen holen – eine Bestandsaufnahme des Talmi also, ohne Hinschielen zur Werkform, frei von den didaktischen Pflichtübungen, die aus den Kunstmuseen Tempel der Ödnis machen – und um endlich zu beweisen, daß die Neigung zum Talmi nicht dem Bourgeois vorbehalten, sondern allgemein ist.

Am Rande des Marché aux Puces gibt es alte Kleider für ganze Völkerstämme, zu Bergen direkt auf das Trottoir gehäuft oder vor Zirkusplakaten an die schorfigen Wände drapiert. Vor allem sind es die afrikanischen Franzosen, die sich auf dem »Puce« eindecken.

Zwischen den Métrostationen Pigalle und Clichy gab es auf dem von Platanen bestandenen Mittelstreifen zwischen den Autoströmen einen großen Bildermarkt mit mancherlei Imitationen der großen Meister: Montmartregassen im Stil Utrillos, Flußlandschaften nach Vlaminck, aber auch viele von Böcklin inspirierte Ölschinken. Knickerbocker waren damals in Mode.

Sonntags zwischen zehn und zwölf Uhr wurde, wohl einmalig auf der Welt, in Paris der größte Umsatz auf den öffentlichen Märkten gemacht. Frische Champignons, Gemüse, Obst, Kartoffeln, Fleisch, Geflügel, Käse – alles wurde an diesem Vormittag fürs große Sonntagsfressen frisch eingekauft.

Man muß nur einmal am Sonntag die Schlangen vor den Pâtisserie- oder vor den Comestibles-Läden gesehen haben, auf den Märkten das Menschengetümmel: Hier wurde nicht eingekauft, sondern einer nationalen Leidenschaft gefrönt.

So leicht kann keiner einer französischen Hausfrau etwas vormachen. Sie kennt sich aus, ganz gleich, ob es ums faux filet oder um ein Hütchen geht. Beides kann sie auf diesem Markt dicht beieinander finden. »Choisissez ma belle marchandise!« ruft die Wursthändlerin ihre Ware aus, die genauso gekalkt ist wie der Baumstamm, um den sie gruppiert ist. Ganz in der Nähe gibt es Hüfthalter, Garn und Zwirn. Die Hausfrauen des Quartiers kauften zu meinen Zeiten hier lieber ein als in den großen Basaren. Moderne Hygienevorschriften haben auch diesen Märkten den Garaus gemacht.

Und wenn ich diese Märkte im grünen Licht der Dunkelkammerlampe betrachte, sehe ich auch sofort meine Concierge von damals und trete in ihr Kabuff in der Rue Descombes ein: Die »Wohnung« der Concierge: mietfrei, aber dafür fast gänzlich ohne Tageslicht. Außer dem Eßtisch und den Stühlen kaum etwas im Zimmer. Für Wohnluxus wurde kein Geld ausgegeben. Aber zum großen Sonntagsfressen war die ganze Familie versammelt: der Mann, Kinder, Schwiegerkinder.

An die gewaltigen Tafeleien, die in dieser Wohnhöhle stattfanden, kann ich nicht denken, ohne daß mir das Wasser im Mund zusammenläuft. Mindestens zweimal in der Woche kaufte meine Concierge direkt in den Hallen ein, mit Hilfe eines kleinen Zweiradwägelchens, das, obwohl zerbrechlich wirkend, erstaunlich viel Freßbeute tragen konnte. Ihr Mann war Telefonarbeiter – auf Masten konnte dieser Vielfraß aber nicht mehr klettern. Was die Concierge – stets unmittelbar vor Hallenschluß, weil dann die Preise rapide verfielen – einheimste, war nur der Grundbestand für ihre Kochkünste. Allsonntäglich schlurfte sie gegen zehn Uhr trotz der enormen Vorräte noch zum Markt des Quartiers – mit ungemachtem Haar, die grauen Strähnen nur auf ein paar Lokkenwickler aufgedreht, und in Pantoffeln.

Nach dem Marktgang ging dann die große Kocherei los, und später, von zwei bis etwa vier Uhr, ging das große Fressen über die Bühne. Die Tafel bog sich. Es gab an Getränken alles: vom Apéritif bis zum Champagner. Und hinterher eine große, beim Pâtisseur eingekaufte Torte – und Kaffee – und Schnäpse. Ein volles, großes, schweres Gelage. Und solche Gelage fanden in den Wohnungen in allen Vierteln der ›einfachen‹ Leute statt.

Mein Freund d'Alby besuchte mich einmal kurz nach dem Krieg in Feldafing. In Deutschland war noch Hungerzeit. Mein Freund befand, wer in diesem Garten Eden hungerte, sei selbst dran schuld. Alles, was er auf Feldafinger Fluren kriechen, fliegen oder sprießen sah, war für ihn eßbar. Die ganze Landschaft bezog er auf seinen Magen und wußte gleich für alles die richtige Zubereitungsart – für die vielerlei Sorten Schnecken, für ein Halbdutzend verschiedener Vögel, für den weghoppelnden Hasen und das wahrhaft wie aus Gips dastehende Reh. Mich hätte es nicht gewundert, wenn ihm auch noch die Wolken Visionen von Crème de Chantilly eingegeben hätten. Der Sonnenuntergang hat ihn jedenfalls von Himbeersorbet schwärmen lassen. Ich fand das damals rücksichtslos.

REMMAILLAGE
STOPPAGE
RAPIDE
ETIQUETTES
PANCARTES
ETALAGES
PAPIERS
IMPRIMERIE
ÉTIQUETTES
EN TOUS GENRES
Gendl
BUREAU DE COMMANDES
111. Pass. du Caire
MAGASIN DE VENTE
ICI
REMMAILLAGE
STOPPAGE
Rapides
ENSEIGNES
CALICOTS
PANCARTES
BUREAU DE
COMMANDES
ICI
WOLHUTER
8-10

Eine versunkene Szenerie: die Hallen, »der Bauch von Paris«. Ich höre es schreien: »Approchez, mesdames – la bête est morte . . .« Mir wollen hundert Geschmäcker zu gleicher Zeit auf die Zunge: pot-au-feu, crevettes, coquilles de volaille à la parisienne, canard à l'orange, une bonne entrecôte Bercy, raie au beurre . . .

et le véritable nougat de Montélimar – bien tendre . . . »L'odeur coupe parfois l'appétit . . .« Auf dem Markt merkte ich davon nichts. Mir nahmen diese Düfte nichts von meinem Appetit. Fisch, Käse, Thymian, Knoblauch – alles vermischte sich auf angenehme Weise.

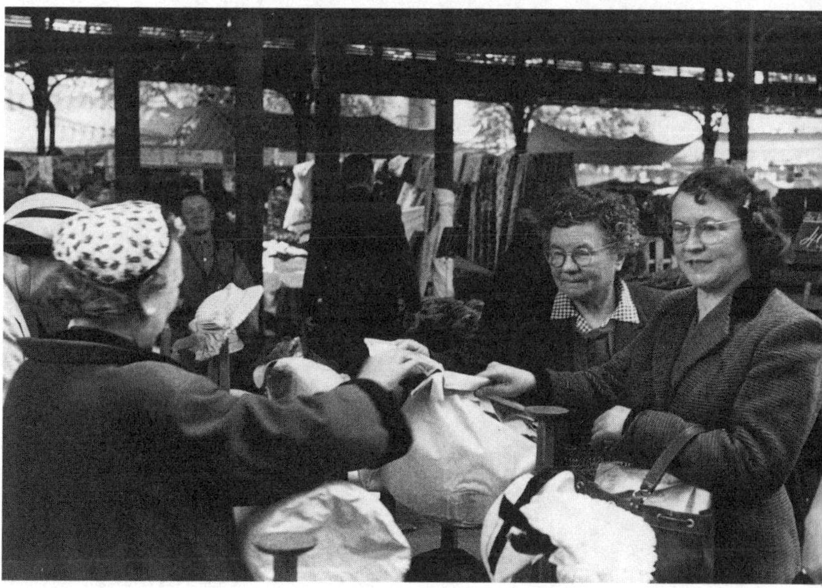

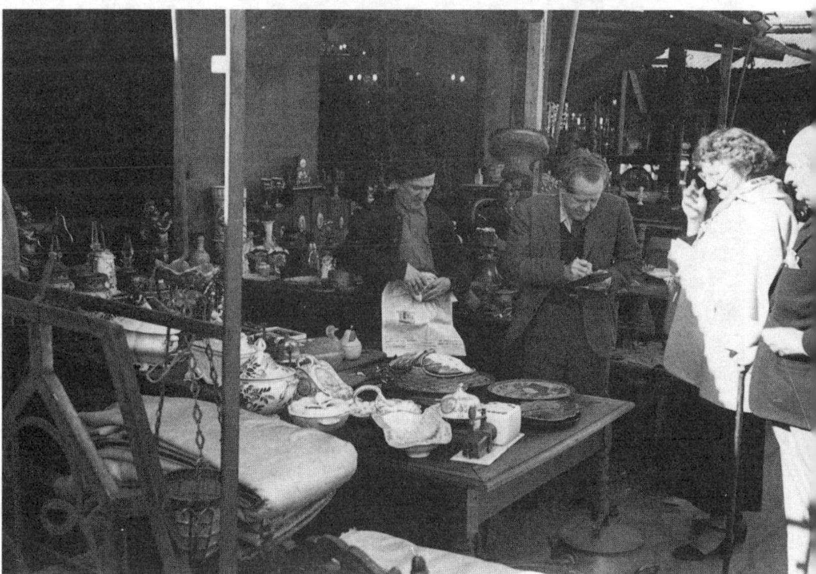

»Trödel« ist diese Ansammlung von Gläsernem und Prozellanenem für den Nichtkenner. Für den Connaisseur hingegen ein Jagdgrund erster Ordnung. Vor Fälschungen und auch vor gut camouflierten Reparaturen und Ergänzungen weiß er sich zu hüten.

Bibelots heißt das zärtliche Wort für all die vielen unnützen Porzellänchen, Gläschen, Döschen und alle möglichen Nippes, die sich zu Hunderten auf den Etageren ungezählter winziger Antiquitätenläden in den schmalen Straßen zwischen dem Boulevard Saint-Germain und den Seine-Quais drängen.

SPÉCIALITÉS
SANDWICHS
PRODUITS
ALSACE
VIN BLANC ROSE ALSACE
CAFÉ EXPRESS
CHOCOLAT CAFÉ CRÈME MOUSSEUX
TÉLÉPHONE
Dégustez notre Vin Blanc d'ALSACE

BIÈRE DEMORY
ALIMENTATION
BIÈRE DEMORY
VINS
CREMERIE
NOUS PRENONS
D'HUILE
M VALENTIN
PAMPRIA

CHANSON

Paris am Sonntag

Ich aber konnte mich an den Sonntagen als privilégié fühlen. In meinem Paris habe ich mich immer als privilégié gefühlt. Das Dasein schmeckte. Mir ging es gut, obwohl auch ich kaum Geld in der Tasche hatte. Aber in meinem Paris machte es eben noch keinen großen Unterschied, ob man viel Geld hatte oder wenig. Der Geldprotz galt ohnehin nichts, und ein Maler, der »totalement fauché« war, brauchte sich nicht zu verstecken, weil es eben als normal galt, in diesem Beruf kein Geld zu haben.

Das Panthéon, das der gleiche Gabriel erbaute, von dem auch die Place de la Concorde und die Ecole Militaire stammen, hält einen lokalen Rekord: Es ist das größte Gebäude des Quartier Latin. Wer es nicht weiß, ahnt nicht, daß es einen Berg krönt, und zwar die Montagne Sainte-Geneviève. Es ist ein von den Republikanern zum Ruhmestempel säkularisierter Kirchenbau. Als er während der Revolution fertig wurde, waren Kirchen nicht hoch im Kurs. In seiner Krypta liegen die Knochen von Voltaire, Mirabeau, Rousseau, Victor Hugo, Emile Zola und anderen Großen.

Der Tuileriengarten – das ist Klassizismus, Staatsarchitektur, Weite, Großzügigkeit. Zwischen Pfeilern mit Flügelrossen hindurch tritt man von der Place de la Concorde her in dieses Werk Le Nôtres, des großen Gartenarchitekten Ludwigs XIV., ein. Zu den Vasen mit steinernen Girlanden hat sich eine ganze steingemeißelte Mythologie gesellt. Nackte Weiber strampeln, weil sie sich von Kentauren nicht rauben lassen wollen, jahraus jahrein vor der grauen Fassade der Tuilerien in die Luft. Die Tuilerien waren einst Sitz der französischen Herrscher. Der Arc de Triomphe du Carrousel war früher der Hauptzugang zum Tuilerienhof. Napoleon I. hat diese verkleinerte Replik des römischen Severusbogens sich selber zur Verherrlichung.

FORT-CARRÉ
CAFÉ-GRILL-ROOM
CAPOULADE
CHOCOLAT

Die Parks von Paris – Paradiese der Kinder und der Verliebten. Paris hat viele davon. Neben dem Luxembourg und den Tuileriengärten sind die Parks Monceau und de Montsouris die schönsten. Alle sind von riesigen Gitterzäunen umgeben, damit man sie abends abschließen kann. Die Sitten sind in Paris nun mal viel strenger, als damals die Soldaten, nach Hause zurückgekehrt, behaupteten.

Das große Becken am Eingang der Tuileriengärten ist für die Kinder des Quartiers der Ozean. Für die Marmorgruppen, die Rhein und Mosel, Rhône und Saône, Nil und Tiber symbolisieren, interessiert sich kein Mensch. Alle schauen dem Schiffchenspiel zu. Die Schiffchen kann man von alten Frauen mieten – stundenweise wie die Stühle.

Im Garten des Palais Royal spazierenzugehen – in der Parkruhe direkt neben dem Verkehrstrubel der Avenue de l'Opéra – war ein großes Vergnügen – und gratis. Die kleinen Kaufläden, die sich nach der Gartenseite hin öffnen, stammen noch aus Napoleons Zeiten.

Sonntags im »Bois«. Wenn man in Paris vom »Bois« spricht, meint man immer den Bois de Boulogne. Zu meinen Zeiten gab es an den Sonntagen keine Reiter, keine Amazonen mehr. Dafür tanzten die Söhne Afrikas eine Art amerikanischen Cakewalk – aber nicht etwa nach Handtrommeln und Kürbisflöten, sondern nach einem schottischen Dudelsack: Die Welt war arg durchein-

andergeraten. Utiliser ses loisirs. Seine Muße nutzen: ein Wahlspruch der Pariser. Schlangestehen vor dem Kino war in Paris immer üblich, das Kino sonntägliches Hauptvergnügen der Pariser. Um sich zu unterhalten, ging der kleine Mann allenfalls noch zum Vélodrome d'Hiver. Die Folies-Bergères oder das Tabarin frequentierten schon zu meinen Zeiten nur die Fremden.

CIP
MOTRICI

Die Mittagsstunde ist auch auf dem »Puce« heilig. Rien ne va plus, mindestens zwei volle Stunden lang. Die Standinhaber haben es sich im Hintergrund am üppig gedeckten Tisch bequem gemacht. Das Essen wird in Frankreich so wichtig genommen wie sonst nirgends in der Welt. Ich habe manchen Gourmand gekannt, dessen Gedanken nur um das Essen kreisten. Das Essen war sogar wichtiger als die filles.

Gute Geschäfte schlagen an, und nichts ist befriedigender für den Marchand als der Schlußakt einer langwierigen Transaktion: das Aufaddieren und Geldeinnehmen. Der »Puce« ist nur an drei Tagen der Woche geöffnet – da heißt es für die vielen Antiquitätenhändler und Trödler, die Verkaufschancen vor und nach der Mittagspause wahrzunehmen.

Ein weißes Kommunionskind ist unter den Muskelmännern, die sich vor allem als Recommandeure ihrer selbst produzieren. Erst wenn die Zuschauer die Geduld endgültig zu verlieren drohen, packen die Gewichtheber ihre Hanteln.

BIÈRES DE
CHAMPIGNEULLES
AUX PETITS AGNEAUX

LACES

FUNIC

Présente une Production MAJESTIC FILM
SUZY DELAIR
FERNAND LEDOUX
PAUL BERNARD
PATTES
SCENARIO DE
"LE DROIT DE L'ENFANT"
EN PÉRIL!

Großes Sonntagspromenieren auf dem Boulevard Saint-Michel. Man hat sich in den Sonntagsstaat geworfen. Tailleurs, Kreppsohlen und Hüte sind in Mode: Nachkriegszeit. Zum Boulevard Saint-Michel sagen die Pariser »Boul' Mich'«. Er durchquert das Quartier Latin, das Studentenviertel um die Sorbonne. Schon um

1270 soll es hier fünfzigtausend Studenten gegeben haben. Mich zieht es immer wieder nach rechts ins Gassengewirr zu der alten, zusehends in die Erde zurücksinkenden Kirche Saint-Julien-le-Pauvre und zu einem kleinen Kino, das genauso wie die französische Ausgabe meines U-Boot-Romans heißt, ›Le Styx‹.

Ist Paris noch Paris?

»Paris sera toujours Paris« – ich habe wieder das Foto mit der mehrere Stockwerke hohen Aufschrift vor mir. »Paris sera toujours Paris« – stimmt das denn noch? Ist in Paris wirklich alles beim alten geblieben?

Als ich – unmittelbar nach dem Krieg – wieder in Paris war, weil ich für ein amerikanisch lizenziertes Magazin einen Text über Paris liefern sollte, schrieb ich:

»So bewegt die nun über 2000 Jahre alte Geschichte der französischen Hauptstadt auch gewesen sein mag, soviel Pulver in den Straßen geknallt hat, soviel Blut auf den jäh aus dem Pflaster gerissenen Barrikaden verströmt wurde, im Grunde ist in Paris stets alles beim alten geblieben.«

Damals war in Paris tatsächlich noch alles beim alten geblieben. Die Stadt hatte sich weder vom Krieg noch von der amerikanischen Hilfe, dem Fortschritt und der Politik überwältigen lassen, sosehr mancher Franzose auch damals schon wehklagte, sein geliebtes altes Paris sei verloren. Dabei hatte der Krieg kaum Spuren hinterlassen. Nur die Namen einiger Métrostationen hatten sich geändert. Sie hießen jetzt »Stalingrad« und »Franklin D. Roosevelt«. Und an mancher Straßenecke war die stets gleiche Inschrift erschienen: »Ici tombait pour la libération de Paris . . .«

Die Pariser aber klagten, es hätte sich wohl allerlei geändert – die Preise vor allem. Die Métro koste das Vielfache im Vergleich zum Vorkrieg. Fleisch sei gar nicht mehr zu bezahlen – und was für eine irre Summe für einen Liter Rouge ordinaire! »Ça monte toujours! Nomdenomdenom!« – und bald sollte es auch so tönen: »Die Krise! Die Streiks! Die Kommunisten! Die Remilitarisierung der Deutschen! – Die Deutschen überhaupt! Die Deutschen einerseits – andererseits!«

Daß man sich schon bald nach dem Krieg in Paris als Deutscher nicht zu camouflieren brauchte, war so erstaunlich wie die Verachtung und schließlich der unverhohlene Haß, der sich gegen die Waffenbrüder aus den USA entwickelte.

In einem amerikanischen Auto würde ich nie mehr durch Paris fahren. Das konnte kein Zufall sein, daß der amerikanische Wagen mit CD-Schild, in dem ich saß – es war fünf Jahre nach dem Krieg –, beim Durchqueren der Stadt von Süd nach Nord dreimal von uralten Taxen angefahren wurde: einmal von rechts und zweimal bei Rotlicht von achtern. Der Fahrer wußte Bescheid: Es war die charmante Art militant gallischer Taxifahrer, ihren Rochus auf die ehemaligen Verbündeten auszudrücken.

Schlimmer als amerikanische GIs in Paris konnte kaum ein Soldat in irgendeiner Fremde behandelt werden. Sie wurden auf Schritt und Tritt übervorteilt oder richtig ausgenommen: zuerst vom Gepäckträger am Bahnhof, dann vom Taxichauffeur, dann von den Kellnern ... Die biederen Burschen aus Nebraska und Texas wurden mit arger Selbstverständlichkeit als Beute betrachtet. Der mittelständische Franzose hält Amerikaner einfach für so dumm, daß sie es nicht anders verdienen, und die Nachkriegshilfe, die er selber von den Amerikanern kassierte, wird von ihm bis heute nur giftig kommentiert – in französischen Augen war sie fast eine beabsichtigte Kränkung, wie ja auch die von uns als »Invasion« bezeichnete Landung der Alliierten in der Normandie von Anfang an nicht als »libération« betitelt wurde, sondern nur als »débarquement« – als schlichtes Anlanden: eine arge Herabminderung der Leistung der alliierten Soldaten.

Und dennoch – trotz allem Chauvinismus konnte man, auch wenn man ein Fremder war, in Paris leben – als Mensch, wie es mein Freund Egon ausdrückte. Man war hier tatsächlich Mensch wie sonst nirgendwo. Man wurde von dieser Stadt nicht beherrscht, man lebte. Man war Mensch unter Menschen, eben weil falscher Respekt und der pure Merkantilismus hier nicht hoch im Kurz standen. Man konnte die Stadt trotz allem genießen. Trotz allem – darüber schrieb ich damals so:

»Gewiß, es ist manches faul in Paris. Es wird ebensoviel gestohlen, betrogen, gemordet und geraubt wie anderswo. Mit der Hygiene steht es im argen. Unzuverlässigkeit und Schlamperei sind bestens im Schwange. Und dazu die Trinkgeldwirtschaft!

Überall offene Hände: Portiers, Taxichauffeure, Platzanweiserinnen, Schlepper.. Aber«, so schrieb ich damals weiter, »die Harmonie, die der Franzose ›équilibre‹ nennt, ist nicht nur den architektonischen Verhältnissen eigen. Paris ist die vernünftigste, die humanste Stadt... Man läßt sich von den Parolen ›Zweckmäßigkeit‹ und ›Nützlichkeit‹ nicht so bluffen wie anderswo...«

Meine jüngsten Erfahrungen wollen sich darauf nicht mehr reimen: Ich bin aufs neue nach Paris gefahren, um im Hôtel Drouot, das jetzt in die Gare d'Orsay umgezogen ist, Bibelots zu ersteigern – und um seit dreißig Jahren zum erstenmal wieder zu fotografieren. Aber ich finde nicht, was ich erwartete und mir wünschte. Ich stehe in eine beutegierige Menge eingekeilt und kann nicht fassen, welche absurden Preise für Krempel geboten werden. Rien ne va plus.

Auch mit dem Fotografieren klappt es nicht. Ich laufe wie einst mit der Kamera herum, aber ich bin wie mit Blindheit geschlagen. Die rechte Imagination will sich nicht einstellen. Die Marktweiber rufen zwar so schrill durchdringend wie eh und je ihr »Approchez, mesdames, la marchandise est belle!«, aber statt der angepriesenen Früchte sehe ich diesmal ihre Zahnstummel und breitgedrückten Brüste.

Ich gehe zu den altvertrauten Plätzen. Wo früher die kleinen Mädchen Himmel und Hölle spielten, parken jetzt Autos. Und an der Stelle, wo ich einst die Kinder beim »music-hall«-Spielen fotografierte, ist gar das ganze Trottoir verändert worden, und die Autos stehen so dicht, daß man, will man auf die andere Seite traversieren, nicht mehr zwischen ihren Stoßstangen hindurchkommt. Sogar noch die Wehmut, die unsereinen ergreift, wenn er die Erinnerungen mit den Eindrücken von heute vergleicht, wird mißbraucht und dient, zur »Nostalgie« griffig herausgeputzt, dem Verkaufen: Hunderte von Boutiquen haben die alten Krämerläden verdrängt und offerieren Nostalgisches – das heißt Ramsch und Schund.

Die Bistros am Boulevard Saint-Germain sind nicht wiederzuerkennen. Sie sind elegant geworden. Das an der Ecke der Rue de Rennes ist zum Drugstore aufgepeppt, mit einer nächtlichen Parade von Strichjungen davor. In den ersten Stock des Café

Flore kann ich mich gar nicht wagen. Auch Sartres und Simone de Beauvoirs Zeit im Flore ist vorbei. Das früher so gedrängt volle Lokal La Source hat sich völlig verwandelt. Keine verschmierten Kellner mit blauen Schürzen mehr, die quer durchs Lokal brüllen: »Une fois une!«, was bedeutete: einmal Pommes frites mit einem Würstchen. Aber auch keine Kunden mehr. Zu meiner Zeit – das war hier bald nach dem Krieg – brachte man in der Source kaum einen Fuß auf den Boden. Ich schnuppere wie ein Hund in die Luft, damit ich wenigstens den alten Armutsgeruch verbrannten Fetts wieder in die Nase bekomme.

Die Hallen, das Sinnbild aller Freßorgien, sind verschwunden. Früher hatte man das Gefühl, die Hallen stünden durchaus am rechten Platz, nämlich in der Mitte der Stadt, just dort, wo die Innereien sitzen. Jetzt hat man sie an die Peripherie verlegt. Paris rülpst nicht mehr wie früher.

Und die großen Bordelle gibt es auch nicht mehr. Ein Verlust so beklagenswert wie der andere. Der Bordell-Gemütlichkeit, wie sie einst im Maison Tellier herrschte, hat die Stadtverordnete Marthe Richard, der man Spionage im Ersten Weltkrieg nachsagt, den Garaus gemacht. Später dann hat Madame de Gaulle den Straßenstrich bekämpft. Die Marcheusen und Trotteusen der rues chaudes waren nicht gut auf die Generalin zu sprechen. Die Prostitution ist zwar genauso im Schwange wie eh und je – aber sie ist nicht mehr so selbstverständlich ins Dasein integriert wie ehedem. Die unmittelbare Hinnahme der Physiologie ist verlorengegangen.

Nicht mehr lange, und auch meine Geruchserinnerungen werden sich nicht mehr auffrischen lassen. Auch der Métrogeruch wird ja schon schwächer und anders. Den typischen Brodem, der durch die Roste in den Trottoirs aufstieg, diesen merkwürdig süßlichen Schwalch, wird es bald nicht mehr geben, weil da unten nicht mehr Eisenräder auf Eisenschienen rumpeln. Der Fortschritt läßt sich nicht von der Schwelle weisen, er dringt von allen Seiten auf Paris ein – zuletzt in so kompakter Form wie im Musée Pompidou.

Den Blick nach Westen unter dem im Abendlicht honiggelben Arc de Triomphe hindurch gibt es schon nicht mehr: Jetzt bilden die leerstehenden Bürotürme des neuen Défense-Viertels, betonmassige Zeugen unserer Hybris, den Hintergrund, und man kann den Arc de Triomphe nicht mehr wie ausgesägt gegen den Abendhimmel stehen sehen, wie Napoleon es gedacht hatte.

Zwischen diesen Wolkenkratzern der Défense möchte man am liebsten der alten seligen Schlamperei wieder das Wort reden. Wie und was, frage ich mich, hätten Bonnard und Vuillard in solchen Silos malen sollen? Seit die Handwerkerkunst der industriellen Fertigung geopfert wurde, hat sich Ödnis ausgebreitet. Ich möchte diese modernen Viertel nicht altern sehen müssen. In achtzig Jahren wird sie der Verfall zeichnen statt Patinierung schmücken.

Paris, das ist der Klassizismus Ludwigs XIV. Fast alle offizielle Architektur ist von ihm geprägt, selbst der Trocadéro mit seiner Weite und feierlichen Attitude. An den großen architekturalen Gesten der klassizistischen Bauten muß hier alles gemessen werden. Und bei solchem Maß wird das Centre Beaubourg bunter Tineff: fremd, nicht assimilierbar, anachronistisch. Paris spuckt ihn aus, weil er nicht Maß und Proportion hat, im Grunde Talmi ist. Talmi war zwar in Frankreich immer hoch im Schwange, und vieles, was wir als Soldaten begeistert an die Brust nahmen, war auch nur Talmi. Aber eben die andere Art von Talmi: Talmi als schöner Schein. Mit solchem Talmi ist in Frankreich vieles überzuckert worden. Noch die Kabinen der Air-France-Flugzeuge haben einen Anhauch davon.

Im Übertünchen, flüchtigen Hindekorieren, Camouflieren war man in Frankreich allezeit Meister. Selbst die opulenten schwarzen Dekorationen, welche die »pompes funèbres« um die Eingangstür der Sterbehäuser hängen, sind noch Talmi – das Gegenstück zum Straß und Flitter der Folies-Nuditäten –, und in den Notjahren hat Talmi, ja sogar der pure Kitsch, den Franzosen geholfen, das graue Kriegselend zu verstecken. Also nichts gegen den schönen Talmi-Schein – solange er nur wirklich putzt!

Die Pariser Gipser waren für mich immer rechte Symbolfiguren für Talmi. In dieser Stadt gibt es offenkundig weit mehr Gipser als Maurer: Wenn man mittags in einem Bistro steht, in einem Viertel um den Boulevard Saint-Germain herum zum Beispiel, dauert es nicht lange, bis die Gipser in hellen Scharen hereinkommen. Die Gipser und die Spengler. Sie sind die gesuchtesten Handwerker in Paris. Außer diesen geschickten Improvisateuren habe ich kaum je, wenn ich durch die Straßen lief, Handwerker bei der Arbeit gesehen.

Mein altes Hotelzimmer ist für vieles, was in Paris geschieht, durchaus typisch. Es ist kaum wiederzuekennen, so hat man es herausgeputzt. In Wirklichkeit aber hat man den Ruinenjammer nur camoufliert, man hat gegipst, gemalt und tapeziert, aber jede gründliche Sanierung vermieden.

All die alten Hotels in der Rue Jacob und Rue Monsieur-le-Prince sind in den letzten Jahren aufgetakelt worden. Mit sanfter Nachhilfe von Staatsseite, wie es heißt, und um die Preise vervielfachen zu können ...

Was heißt hier schon Solidität? Lärmsbschließende teure Fenster? »Drôle d'idée ...« Seit wann sind denn Hotels zum Schlafen da? Talmi steht ihnen gut.

Hundert Erinnerungen an die alten Hotelzimmer fliegen mir zu: Alle waren winzig. Die schmalbrüstigen Hotels mit den Höfen waren so eng, daß man aus dem fünften Stock wie in einen Brunnenschacht guckte. Aber die Zimmer nach hinten wurden trotzdem als »vers le jardin« geführt, weil es am Grund des Schachtes ein paar Kümmerbüsche gab. Die Fenster – oft nichts als Dachgauben mit dem Gurrugurru von Tauben davor. Die Wasserhähne – nach dem System der Sicherheitsschalter in den U-Bahntriebwagen konstruiert. Das Wasser lief nur, solange man sie niederdrückte. Wenn man losließ, versiegte es sofort. Man brauchte schon einen Bindfaden, um den Druckhebel am Hahn festzubinden, wenn man sich mit beiden Händen waschen oder eine Flasche Pelure d'oignon im Waschbecken kühlen wollte. Das Licht im Klo brannte erst, wenn von innen die Tür verriegelt wurde.

In einem dieser schäbigen Hotels suchte mich der Niagara-Traum heim: Ich hatte mich, todesmutig, in einer Tonne den Niagarafall hinunterstürzen lassen. Aber unten kam ich nicht mehr los: Meine Tonne wurde hinter den Wasserfall getrudelt – keine Chance, die riesige Wasserwand zu durchbrechen und den Fluß hinab der Errettung entgegenzutreiben. Mal ließen mich die Strudel los, dann begannen sie wieder zu tosen. So ging das stundenlang. Als ich, vom Angstschweiß naß, erwachte, merkte ich, daß die tosenden Strudel die Bidets in der Nachbarschaft und über und unter mir waren: Immer wieder rauschte eins dieser vielen Bidets los, und neue Strudel erfaßten mich ... Diese winzigen Bruchbuden – alle hatten sie ein Bidet.

Ich muß an den Hotelpatron denken, der seinen Stammgästen entsetzt von Ferien in Irland erzählte. Die Iren hatten ihm sein Angelzeug beschlagnahmt. Ganz schlechte Menschen: kein Weg, sich mit ihnen zu arrangieren. Eben keine Franzosen. Aber das viel Schlimmere: in den Hotels keine Bidets! Das stelle man sich vor! Wilde!

Weil das Frühstück bei ihm miserabel – quasi Null – war, fragte ich ihn bei Gelegenheit, wie das Frühstück denn im hohen Norden bei den Wilden gewesen sei. Der Schlaukopf wußte sofort, worauf ich hinauswollte:

»Nein, mein Herr!« – und dabei ließ er, gleich wieder erregt, seinen ausgestreckten Zeigefinger wie einen Scheibenwischer vor meinem Gesicht hin- und hergehen –, wenn er die Wahl hätte: so ein übertriebenes Frühstück oder ein Bidet, dann wüßte er, wie er sich als Franzose zu entscheiden hätte, bei Gott!

Die Hotelpatrons in meinem Paris waren so verschieden wie die Menschheit: raunzig, dickfellig, jovial, hinterhältig. Jede Sorte habe ich kennengelernt, an den in der Rue Monsieur-le-Prince erinnere ich mich besonders gut:

Von vielen Gängen zu Antiquitätenhändlern erschöpft, kam ich ins Hotel, kletterte die ausgetretene, enge, sich spindelartig hochwindende Treppe bis in den fünften Stock, bis unmittelbar unters Dach hoch und steuerte total verschwitzt – es herrschte schiere Backofenwärme – das Waschbecken an, um mir als erstes Wasser über die Pulsadern laufen zu lassen. Da entdeckte ich mitten im Waschbecken einen Kothaufen von der Art, wie man ihn in Zauber- und Kotillonartikelgeschäften kaufen kann, um Leute zu erschrecken. Wollte sich etwa einer einen Jux mit mir machen?

Da merkte ich, daß es stank. Der Haufen war echt. Mir verschlug es den Atem. Gleich würgte mich Brechreiz. Im Spiegel über dem Lavabo konnte ich mich erbleichen sehen. Ich jagte die Wendeltreppe hinunter und raspelte mit stoßendem Atem in das

Mondgesicht des Patrons hinein, was ich eben erlebt hatte. Keine Regung. Ich mußte meinen Protest wiederholen, den wilden Mann markieren, um dem dicken Patron eine Reaktion zu entlocken. Die Hitze, nom de nom, und jetzt auch noch bis zu mir hinauf? Die femme de chambre solle doch ... Nein! Ich wollte ihm selber die cochonnerie zeigen, unbedingt ...

Schnaufend und prustend folgte er mir endlich, faßte im Zimmer die Bescherung ins Auge und setzte zu meiner bodenlosen Verblüffung einen sieghaften Ausdruck auf. Dann rief er wie im Triumph: »Le chat!« und wies mit großer Geste auf das halbgeöffnete Fenster hin – stummes Spiel, um Luft für die Tirade, die nun folgte, zu gewinnen:

»Qu'est-ce que vous voulez, monsieur – c'est fou comme cette bête est intelligente: il faut seulement ...« – und damit drehte er den Hahn auf – »ouvoir le robinet ...«

Er machte es mir mit großen Gesten vor.

Vor einer Katze, die ein Waschbecken als funktionsfähiges Wasserklosett erkennt, könne man sich nur im Geiste verbeugen: eine französische Katze – eine Katze mit raison!

Zu meiner Zeit kosteten die Zimmer um die acht Mark. Jetzt kosten sie das Zehnfache, obwohl es sich durchaus noch um die alten Zimmer handelt. Die Fenster schließen so schlecht wie ehedem, die Räume sind nur kleiner geworden: Auf den alten Grundrissen sind Zimmer mit Bad und allem Komfort entstanden. Man haust jetzt zwischen Resopalplatten und Tapeten modernen Designs, an der Grundstruktur aber hat sich nichts geändert.

Ich mache eine merkwürdige Erfahrung: Auch dort, wo es noch genauso aussieht wie ehedem, mag ich nicht fotografieren. Die Buchhandlung Shakespeare & Company zum Beispiel nicht, in der Henry Miller zu Hause war. Auch die Gassen dahinter nicht. Die Plätze Saint-Germain und Saint-Sulpice sind noch wie früher, die Verbindungsgäßchen zwischen diesen beiden Plätzen auch. Die Rue Monsieur-le-Prince ist noch ganz die alte, an der Rue Madame hat sich auch nichts verändert – und doch ist alles anders als ehedem. Es »spricht« nicht mehr. Woran liegt das? An mir? Will ich nur deshalb nicht mehr fotografieren, weil ich das alles schon einmal gesehen habe? Mit frischerem Auge damals? Verlegt mir jetzt das Déjà-vu den Blick? Ich laufe und laufe, ich halte die Augen offen, ich blicke hierhin und dorthin, aber der Funke will nicht überspringen.

Abgestanden! Schal! – Warum nur? – Es muß an mir liegen. Oder liegt es an den Autos? Die gleichen Autos überall haben einen schnöde gleichmachenden Effekt. Die Ausgeräumtheit der Gassen, eine Art Vakuumeffekt, muß mich früher gereizt haben. In meinem Paris war der Verkehr noch kein Moloch wie heute. Die Autos sahen abends noch wie leuchtende Skarabäen aus, wenn sie einem die Champs-Elysées herunter langsam entgegenrollten.

Zur Hölle mit den Blechkarren. Ich brauche die Leute nur zu beobachten in ihren vielpferdigen Vehikeln, wie sie für nichts Augen haben außer für Verkehrsampeln und andere Autos. Für sie ist Paris nicht gebaut. Die alten engen Gassen mit den ständigen »embouteillages«, den Verstopfungen und Staus, sind für sie nur ein Ärgernis.

»Autobezogene« Städte sehen eben ganz anders aus: Amerika liefert da die entsprechenden Beispiele. Dort hat das Auto gesiegt. Wenn man zu Fuß geht, stoppen neben einem Polizeiwagen zwecks Kontrolle der verdächtigen Person. In Paris aber ist der Kampf der Autos gegen die Häuser noch in vollem Gang. Er ist heftiger entbrannt als irgendwo anders.

Paris ist wie kaum eine andere Stadt eine Fußgängerstadt. Eine, die man erlaufen muß, die man – was für ein Paradoxon! – nur im Erlaufen erfahren kann.

Aber natürlich – oft genug sitze ich selber im Auto. Von London kommmend – es ist erst einige Monate her – vermochte ich nicht in der vertrauten Stadt anzugelangen. Ich war zwischen Hochhäusern, die ich nicht kannte, in Autoströmen auf fremden Stadtautobahnen zu schierer Willenlosigkeit verurteilt. No escape! Immer nur weiter im Strom – an der Porte d'Orléans vorbei und schon wieder durch fremde Viertel. Draußen Nieselwetter. Dann richtiger Regen. Telefonieren? Wo denn? Kein einziger Meter zum Parken. Die schiere Platzangst hatte mich in den Fängen. Ich geriet von einer embouteillage in die andere – eine dauerhafter als die andere.

Schicksalsergeben bin ich direkt weitergefahren, zwanghaft den Schildern nach, die nach Osten wiesen: zum erstenmal in meinem Leben an Paris vorbei.

Später erfuhr ich die Ursache des Verkehrsdesasters: »Le salon du prêt-à-porter«, der große Konfektionssalon, Verwandter der »Berliner Durchreise« – also tausend, zehntausend oder hunderttausend Mannequins und Textilunternehmer, alle mit ihren eigenen Autos, und dazu die Kleiderhändler aus ganz Europa.

Nach dem Krieg – so finde ich es in meinen Notizen – habe ich mich noch am Verkehr delektieren können. Ein ferner Genuß, den ich einst so beschrieb: »Während der Verkehr andernorts, wohlreglementiert, den Menschen entmündigt, hat er in Paris eine Art Selbstherrlichkeit bewahrt: Die Autoströme werden, so scheint es beim ersten Hinschauen, durch keinerlei Vorschriften gelenkt. Man überholt rechts wie links, und die wichtigste Regel lautet: ›Sieh zu, wie du schnell weiterkommst!‹ Der Verkehr ist vernünftig geregelt, wie alles in dieser Stadt. Für den Fußgänger ist es ein unschätzbares Vergnügen, den Flics zuzuschauen, wie sie sich ein Rudel von Autos von der Place de l'Opéra bis zum Palais Royal über alle Kreuzungen der Avenue de l'Opéra hinweg mit wildem Pfeifen und heftigem Stäbeschwingen zureichen, als wüßten sie, was sie dem Ruf französischen Temperaments schuldig sind. Es gehört mit zu den größten Gratisgenüssen, die Paris zu bieten hat, um Geschäftsschluß auf den Stufen der Madeleine mit dem Blick gegen die Place de la Concorde und den Invalidendom zu sitzen, gar nichts im Sinn zu haben und zu beobachten, wie sich der wohl zehnfache Verkehrsstrom der Rue Royale in die ebenfalls zehnfachen Reihen der Boulevards Malesherbes und des Capucines ergießt. Man ist von ständigem Sausen eingehüllt, als säße man auf den Quadersteinen einer Mole, und läßt sich das Nichtstun angesichts solchen brandenden Verkehrsgetümmels zur doppelten Wohltat gereichen. Plötzlich halten die flutenden Vekehrsströme, die Rue Royale verstopft sich im Nu bis zur Concorde hinauf, aus der Rue Saint-Honoré kann keiner der bulldoggenhaft gedrungenen Omnibusse mehr heraus: Vom Boulevard des Capucines nähert sich in würdiger Gemessenheit ein Leichenzug den Stufen der Madeleine. Hinter dem blumenüberladenen Wagen schreitet mit einer seltsamen, marionettenhaft anmutenden Langsamkeit die Trauergesellschaft. Und vor diesem Tod, der gar nicht zur Geschäftigkeit der Stunde passen will, aber rechthaberisch darauf pocht, daß man seiner Würde Achtung erweise, muß ich schließlich auch Platz machen ...« Aber jetzt? Jetzt: Lärm, Abgase, Rücksichtslosigkeit. Der Verkehr ist zu einem absurden Rattenrennen geworden. Die neuen Autobahnen mit ihren Unter- und Überführungen haben einen Zug von Science-fiction.

Wieder in Paris, wieder auf der Suche nach den alten Plätzen, sitze ich auf meinem angestammten Caféstuhl. Von hier aus habe ich früher den Straßenkehrern zugesehen, die den Unrat der Straße mit so langen Besen in den Rinnstein fegten, als wollten sie von der Arbeit möglichst weit weg sein, und die aus zusammengedrehten alten Säcken wie die Kinder Staudämme legten, die das Gemisch aus Hydrantenwasser und Unflat in die Gullys leiten sollten – bei schönem Wetter ein durchaus vergnügliches Tun, das sich bei einem Glas Pernod vor einem Bistro angenehm beobachten ließ. Jetzt kann ich mich, wenn ich wie ehedem dort sitze, nur mehr daran delektieren, wie Möbelpacker, um Platz für ihren Möbelwagen zu schaffen, die parkenden Autos vom Bordstein meterweise wegwuchten und sie mitten auf der Straße stehenlassen. Ich kann mich amüsieren über die verzweifelten Gesten von Autofahrern, die nicht vor und nicht zurück können und nicht einmal, was in dieser Situation das Nächstliegende wäre, ihre Autos einfach stehenlassen dürfen.

An der Spitze der Schlange steht gewöhnlich ein Lieferwagen, von dem ein einziger Mann in aller Gemütsruhe Käse, Butter, Milchsteigen ablädt, dann sorgfältig auf seine Druckkarre stapelt und mit ihr in einer Toreinfahrt verschwindet.

Ich kann mir einen zweiten Kaffee bestellen und darüber nachsinnen, wie gut es sich mit einem so dicken Fell leben ließe, wie es der Beurre-œufs-fromage-Mann offenkundig hat.

Kaum hat sich die Autoschlange aufgelöst, weil der livreur sein Abladegeschäft schließlich doch beendet hat, bildet sie sich schon wieder neu. Diesmal ist ein kurioses Auto mitten auf der Straße stehengeblieben. Es ist rundum verschlossen und verfügt nur über Sehschlitze: ein Geldtransporter.

Ein Lederjackenmensch steigt – wie direkt aus einem Kriminalfilm – aus seinem Tank, schlenkert die Hosenbeine zurecht, angelt den Hosenbund hoch und verschwindet im Supermarkt.

Diese Szene habe ich schon einmal beobachtet. Ich weiß: Jetzt wird es hübsch, jetzt bleibt die Straße für sehr lange Zeit blockiert. Der Geldmensch läßt wieder so lange auf seine Rückkehr warten, als müsse er die Franc-Stücke einzeln übernehmen. Ein Junge, der für seine kurzen Hosen schon viel zu groß ist, versperrt mir die Aussicht. Er hält eine Eistüte in der Hand wie die Freiheitsstatue in New York ihre Fackel. Dann lutscht er das Eis zu einer gedrehten Spitze hoch: die neue Art von Eis, die keine feste Konsistenz hat. (Auch typisch für diese unsere Zeit: groß aufgebläht, bunt, aber ohne Konsistenz.) Jetzt beginnt es in der Autoschlange zu hupen, obwohl das streng verboten ist. Und schon bricht der Höllenlärm los. Anscheinend mußte nur einer den Anfang machen. Mein Junge muß auf diesen Moment gewartet haben. Er wirft vor Begeisterung die Arme in die Luft. Sein Eis klatscht dabei aufs Pflaster: Eine scheußliche rosarote und hellgrüne Schmiere läuft zu meinen Füßen breit.

Moderne Zeiten! Auch Tati hätte hier eine Menge Stoff für neue Filme . . .

Während ich trübsinnig über die alten Granitplatten den alten Weg abtrotte, höre ich vor mir eine Schöne im Kleinlieschenhänger zu ihrem Galan auf deutsch plappern: »Wo kommen bloß all die vielen süßen kleinen Restaurants her?«

Das weckt mich. Ich möchte ihr gereizt zuflüstern: Restaurants würde ich diese dreckigen Pizzaschuppen und miesen Cruditéstübchen nicht nennen. – Euch sollte man gebackene weiße Mäuse als Croque-Monsieur anbieten, mit heraushängenden Schwänzchen und im Fell. Ihr würdet auch das futtern. Das ganze Viertel nur noch Neppküchen und Coiffeure – und statt der Arbeiter, die ehedem hier hausten, eine Menge wohlfrisierter, wie aus dem Ei gepellter Kerlchen – und immer zu zweien. Wo mögen die nun wieder alle herkommen?

Wo früher uralte Serveusen die gut bestückten Platten schleppten und später direkt neben den Tellern auf dem papiernen Tischtuch mit dem Bleistift addierten, was man alles verzehrt hatte, werden jetzt von Softies in viel zu engen Hosen Pizzateller auf die schmal und winzig gewordenen Tische placiert. Den Genuß genießen – das war einmal gültige Devise und deliziöser Zeitvertreib. Aber was gibt es schon noch in den Pizzabuden, in Snacks und Self-Service-Lokalen zu genießen?

Es heißt, anstelle der Sensationen, die unsereiner goutierte, seien eben andere getreten. Ich kann nicht daran glauben, wenn ich mir die gelangweilten Mienen betrachte.

Da sehe ich an der Bankfiliale an der Ecke einen Jüngling von hinten, beide Hände wie an der Klagemauer flach neben einem chromgerahmten Mauerschlitz, aus dem sich frisch gedruckte Geldscheine schieben. Ich trete näher, ich will die Maschinerie zur Kundenbedienung nach Geschäftsschluß genauer sehen. Der Jüngling hat das aber nicht gern: Er drückt sich, um mir den Einblick zu verwehren, eng an die Mauer.

Also doch neue Sensationen – Orwell oder Tati?

Ich laufe herum, halb beglückt, halb verstört. Paris sera toujours Paris?

Während ich von der Mauer vor dem Jeu de Paume herab ins Verkehrsgetümmel auf der Place de la Concorde starre, projiziert sich mir das Bild ins Hirn, das ich von der gleichen Stelle aufnahm: ein leerer steinbelegter, das Himmelslicht grau reflektierender Platz, ein grauer See mit ein paar verlorenen dunklen Punkten darin – schwarzen Autos, hochrädrigen Taxis, mit dem Reservereifen auf dem Dach, kaum ein Mensch.

Ich gehe zum Palais Royal. Die Wohnung, in der die Colette lebte, hat blinde Scheiben. Die von Jean Cocteau um die Ecke herum auch. Vor dem Dreisternelokal Le Grand Véfour liegt der Taubendreck zentimeterhoch. Nicht vorzustellen, daß man durch diesen Dreck noch ins Restaurant hineingehen mag. Der Jardin ist verlassen. Die kleinen Läden ringsum – Ordenshändler, Briefmarkenhändler, Medaillenhändler, Spitzenhändler – sind geschlossen: zu kalt – sie haben allesamt keine Heizung.

Der Boden der Passage, die den Park des Hôtel Royal mit der Gasse verbindet, ist wie ein Guano-Felsen von Taubendreck bedeckt. An den Taubendreck schließt eine Zone der Hundeköttel an. Man muß schon sehr achtgeben, wenn man in Paris nicht in Hundehaufen treten will. In Paris gibt es viel zuviel Hunde, zu viele Wohlstands- oder Angstköter, gegen deren Beinheben sich altmodische Ladenbesitzer mit gelbem Schwefelpulver wehren, als wollten sie sich vor dem Gottseibeiuns schützen.

Ich habe mich verändert. Ich *sehe* den Dreck.

Holde Schlamperei? Ich weiß nicht. Und hat es mich früher nicht auch schon manchmal gegraust bei meinen Spähunternehmen in die Küchen der allerfeinsten Pariser Restaurants? Wenn ich an der Rückseite in irgendeiner Nebenstraße die Fensterchen ausfindig machte, durch die verschwitzte Köche zu später Stunde den Straßendunst einströmen ließen, wurde mir der Verzicht leichtgemacht: Sägespäne auf dem Boden, Spinnennetze in den Ecken, Halbvergammeltes in abgestellten Tiegeln und Pfannen. Zeigefinger statt Rührlöffel, Schleckzungen statt Tücher... ob das heute auch noch so ist?

Die große Frage: Ist Gott noch Franzose? Wohnt er wenigstens noch in Frankreich? beschäftigt mich wieder – wie so oft schon seit den vierziger Jahren: Die ausgemergelten Arbeiter und grauen Büromenschen, die in der Métro wie im Seegang auf einem Fährboot schwanken, würden mich als Irren verhöhnen, wenn ich sie fragte.

Unterm Eiffelturm um Pavillons aus Gußeisen geometrische Beete mit scharf geschnittenen Buchsbaumsäumen: die strenge Gartenordnung des Herrn Le Nôtre.

Gegen den Himmel sieht der eiserne Turm mit seiner Traversen- und Strebenordnung aus, als sei auch er von Le Nôtre.

Während ich selbstversunken dem Schneckenaufstieg der Fahrstühle zuschaue, sagt es hinter mir: »Schweinbilder!« Ich schieße nur so herum: Schweinbilder – das Wort trifft mich wie eine Zauberformel. Ich habe es seit fünfunddreißig Jahren nicht mehr gehört. Der Halbwüchsige, der es mir in den Nacken zischelte, starrt mich an wie den Leibhaftigen. Völlig verdattert steckt er zittrig seine obszönen Bilder weg, starrt mir dabei immer noch ins Gesicht, vollführt zwei Rückwärtsschritte, macht plötzlich kehrt und rennt davon.

»Arrêtez-vous – arrêtez-vous donc!« rufe ich ihm nach. Der Tolpatsch soll stehenbleiben, der Idiot! Ich könnte ihn streicheln und hätte ihm bestimmt vor lauter Begeisterung seinen ganzen Tascheninhalt abgekauft.

Gott sei Dank: Die Sünde erweist sich als resistent! Um Pigalle und Place Blanche hat sich wenigstens nicht alles verändert. Strichjungen, geschminkte Schwuchteln, überfällige Huren wie Zirkuspferde aufgetakelt, »Schweinbild«-Händler, Autoscooter, die traurigsten Strip-tease-Keller der Welt. Ein Trost auch, daß zu Füßen des Wohnturms, der die Rue de Rennes ins Vertikale fortsetzt, die »Damen mit der kleinen Tugend« noch immer am alten Platz stehen – fast unmittelbar vor dem Foyer des Wolkenkratzers. Gerade in dieser Gegend prallen modernste Ingenieurarchitektur und die alte Schäbigkeit heftig aufeinander: Die Bistros, die rings um die alte Gare Montparnasse entstanden und vor allem Namen aus der Bretagne tragen, weil von hier aus die Züge nach dem Westen fuhren, sind noch ganz die alten. Nicht alle Modernität wird adaptiert und integriert.

Als die Franzosen das modern life aus den USA zunächst mit einem Fußtritt über den Atlantik zurückbeförderten und alles Amerikanische verpönten, ließ sich wieder auf die Resistenzkraft des französischen Individualismus setzen. Aber dann erwiesen sich die transatlantischen Viren eben doch als die stärkeren. Sogar in die Sprache haben sie sich eingenistet und grassieren jetzt als Franglais – als ein idiotisches, falsch ausgesprochenes Kauderwelsch.

Für die Sightseeing-Fremden wird der Brocken Paris mundgerecht gemacht, wird das dichte Gewebe aus Tradition und Gegenwart, das zu den größten Reizen der Stadt gehört, getrennt und in Kategorien unterteilt: in die Cook-Rundfahrt »Paris historique«, welche Notre-Dame, die Sainte-Chapelle, den Pont Neuf, das Cluny-Museum, in dem der Altar der Nauten (Pariser Schiffer, die sich schon zu Zeiten des Tiberius zu einer Innung vereinigt hatten) steht, und die engen Gassen der rive gauche offeriert – und in die Rundfahrt »Paris moderne« mit Trocadéro, Eiffelturm und Oper. Für den Abend wird »Paris by night« (Champagne compris) offeriert. Das Ticket berechtigt zu einem Blick auf Nacktheit, Laster und höchst demodierte Existentialisten. Und für den nächsten Morgen stehen die »Normandie Battlefields« auf dem Programm. (Mancher der amerikanischen Touristen schleppt ein Guidebook mit sich herum, das ihm vorschwindelt, er könne in Paris für fünf Dollar am

Tag leben. »Leben schon – aber wie?« fällt mir da Karl Valentin ein.)

Alles ist nur mehr Show. Auch die als »selbstversunken« apostrophierten Liebespaare wirken heute schier exhibitionistisch, die Angler wie als Staffage bezahlt, die wenigen wirklichen Maler, die ihre Staffeleien noch in die steilen Montmartregassen stellen, wie Statisterie für die Amerikaner und Düsseldorfer aus den dicken Reisebussen. Auf der Place du Tertre haben die miserablen Verkaufsmaler die Amateure verdrängt.

Paris war nie fortschrittsgläubig – fortschrittshörig schon gar nicht –, und trotzdem ist *mein* Paris im Verkehrstrubel versunken, in der allgemeinen Gleichförmigkeit, im nivellierten Lebensstil. Erstaunlich, was alles die Franzosen – Partisanen, Bastillenstürmer – sich heute gefallen lassen. Diese Art moderner Anpassung fügt sich nicht in mein Erinnerungsbild. Es ist überall das gleiche, aber in Paris trifft es mich hart.

Das Wort von der »nie alternden Stadt« kommt einen, wenn man heute durch die Straßen läuft, als komische Erinnerung an. Und wie Paris altert! Wo früher Glamour war, ist nur noch Schäbigkeit. Durch den modischen Aufputz wird die Vettel erst recht alt. Die Demolierfirmen haben Hochkonjunktur, aber das Abgenutzte wird nicht etwa saniert, sondern nur billig aufgefext. Die Alte soll ja nur geliftet werden.

In Paris hat die Zeit – wie überall – nichts verbessert. Die condition humaine schon gar nicht. Das Leben ist hektisch und rüde geworden. Paris heute – das ist allgemeine Gereiztheit, Chaos, Streikstimmung: Hotelportiers, die es genießen, wenn sie eiem herbergesuchenden Gast nach dem anderen ein »Occupé!« entgegenblaffen können, anstatt das Schild mit diesem Text an ihre Türen zu hängen. Flics, die auf fotografierende Touristen losgehen: »Il est interdit de prendre des photos des gardiens de la paix!«, auch wenn sie unter dem Eiffelturm allenfalls als Ameise mit ins Bild geraten könnten. Betrügerische Kellner, Taxifahrer, die das Trinkgeld, wenn es ihnen zu gering erscheint, auf die Straße schmeißen.

Das Paris der Kinder

Mein Paris war noch ein Paris der Kinder. Die Jahrzehnte dazwischen haben auch ihren Lebensraum eingeengt. Die Stille dieses Platzes, an dem Delacroix in seinem Atelier brüllende Löwen malte und wo die Kinder Himmel und Hölle spielten, ist dahin. Die noble Place Furstenberg ist zum Parkplatz degradiert.

Die Szenerie der nächsten Seiten hat sich auch verändert: Kürzlich war ich wieder an dieser Stelle. Selbst das Trottoir ist umgebaut. Davor auch hier Autos, so dicht geparkt, daß man nicht mehr zwischen ihnen hindurchkommt. Die Kinder, die hier »music-hall« spielten, haben längst ihrerseits Kinder.

Der bougnat, der Kohlenhändler, vor dessen Bistro sie spielten, hat sich angepaßt. Er verkauft keine Kohlen und kein Bündelholz mehr, sondern abends teures Importbier an die jugendliche Schickeria, die seine triste Höhle als urwüchsig entdeckt hat.

Dänisches Bier aus der Flasche im Stehen zwischen Kohlensäkken – das ist heute chic.

Die Kinder, die um das alte Auto spielen, können nicht wissen, daß im Haus dahinter der größte Maler unserer Zeit, Pablo Picasso, lebte. Es ist die Rue des Grands-Augustins, Nummer 7.

GERMAIN DES PRES

ATELIER
DELACROIX
& DESSINS D'EUGENE DELACROIX
ORGANISÉE DANS
ATELIER DU MAITRE

DE LA PAIX
6665-RO

CONGRES MONDIAL
DES PARTISANS
DE LA PAIX
N'oubliez pas
l'adresse
Rue des
LLANTINES
AVANTAGEUX
TRINITÉ TRANSACTIONS

FOIRE St GERMAIN
PAUL MAYE

GILBERT

TELEPHO
RBONS
ANDAU
CERF

Der 14. Juli

Am 14. Juli ist die »Fête de la Victoire«, das Fest des Sieges über die Deutschen – eigentlich natürlich der französische Nationalfeiertag, Jahrestag des Sturms auf die Bastille 1789. Eine Gassenkreuzung irgendwo im Gewimmel der ältesten Häuser von Paris. Das »bougnat-bistro« an der Ecke, Kohlenhandel mit Ausschank, hat einen Ziehharmonikaspieler bestellt. Die Akkordeonmusik mischt sich mit dem Gedudel aus alten Grammophonen. Der Garçon ist in Hochform. Statt auf dem Tablett balanciert er die Vichy-Flasche auf dem Kopf. Die Zuschauer haben ihr Spektakel.

Ein Tänzchen auf der Straße? Hier kommt ohnehin kaum ein Auto her. Und heute ist quatorze juillet! Sieg über die Deutschen – oder immer noch die »boches«?

Die Bistros an den großen Straßen können sich am 14. Juli eine richtige Kapelle leisten. Kinder, Verliebte, alte Leute – alles tanzt miteinander. Und auch nachts geht das Siegesfest weiter.

Auf der Place de la Concorde wurde in den Jahren unmittelbar nach dem Krieg bis zum Morgengrauen getanzt. Heute ist der Sieg, der hier gefeiert wurde, schon viel zu fern, als daß die alte Festbegeisterung zünden könnte.

»Eine Zierde der Place de la Concorde sind die beiden Springbrunnen, jeder mit drei Wasserbecken übereinander. Die granitenen unteren Becken haben 16,5 m im Durchmesser. Die oberen Becken sind aus bronziertem Eisenguß, ebenso die Figuren, die an dem nördlichen Brunnen Flußgötter, an dem südlichen Meergötter darstellen.« (Baedekers ›Paris‹, 1909)

SOCIETE LAITIER

CHARBONS

CINEMA PALAIS DES FETES
66
MATERIEL ET

Souvenirs perdus?

Mein Paris, das ist, wenn ich es poetisch sagen will, eine von diesen Wunderkugeln mit dem Eiffelturm darin, in denen Schneeflocken zu stieben beginnen, wenn man den Eiffelturm auf den Kopf stellt.

Mein Paris – das hieß: lässig beide Ellenbogen auf den Zinc gestützt zwischen Taxifahrern, Arbeitern und Vertretern im Bistro stehen und die Trinksitten der Franzosen beobachten. Ein Angeber will seinen Kaffee lauthals »arrosé« haben. Er bekommt einen Fruchtschnaps hinein. Die Cognacflaschen hinter dem Wirt sind die schiere Dekoration. Kein Mensch verlangt hier »une fine«. Dafür wird immer wieder ein »coup de rouge« oder ein »coup de blanc« gefordert. Ich weiß längst, wie ich meinen eigenen zu trinken habe: Ich muß dem kleinen randvollen Glas mit dem Mund entgegenkommen – aber auch dann, wenn ich es angetrunken habe und keine Angst mehr vorm Verschütten zu haben brauche, nehme ich nur kleine Schlucke. Niemand »kippt« hier seinen Wein. Viel Wein – aber immer nur in kleinen Quantitäten. Weil diese Regel befolgt wird, gibt es so wenig Betrunkene und so viel Leberkranke.

Immer wieder trieb es mich durch die vielen Winkelgassen – dort, wo jetzt ein Loch ist wie von einem gewaltigen Meteoreinschlag. Dort waren die alten vergammelten Bistros, die jetzt, so sie überhaupt noch existieren, von cleveren Jungunternehmern aufgefext werden. Mir waren die alten Wirte lieber als diese geriebenen Burschen und ihre modernen Preise. Jetzt kommen zwar bunt gewürfelte Decken auf die Tische, dafür aber zaches Fleisch und pampige Pommes frites auf die Teller. Die guten plats du jour von ehedem sind im großen Loch verschwunden.

Anstelle der Kundschaft von Fleischträgern steht jetzt die Jeunesse dorée am Zinc.

Ein appetitanregender Anblick waren die Fleischträger weiß Gott nicht mit ihren blutigen Schürzen – und wenn dann gar noch eine blinde Akkordeonspielerin hereingeführt wurde, konnte einen das hohle Schlucken ankommen. Aber das war mein Paris – und ihm trauere ich nach.

Und wenn dann unter wüstem Gebrüll, nachdem die Musikantin sich hinausgetastet hatte, die nächste Lage ausgewürfelt wurde und das Gebrüll schließlich frenetisch wurde, weil der Wirt selber die Lage zahlen mußte, konnte man, die regenfeuchten Schuhe in den Sägespänen auf dem gefliesten Boden, die Unterarme auf den Zinc gelegt, sich ganz hinnehmen lassen von der Szenerie: dem Geschrei, den Spiegeln, Flaschen, Bildern und den Nutten, die hereindrängten, weil wieder mal eine Razzia stattfand. Hier waren sie sicher vor dem panier à salade.

Nichts mehr davon. Auch der bougnat ist verschwunden. Wo es früher diese winzigen Holzbündel und Holzkohle gab, hat jetzt ein imitierter englischer Pub aufgemacht. Wo früher der Zinc war, hinter dem die bougnate residierte und des alten trefflichen Sternes Meinung belegte: »In Paris, wo die Frauen alle Rechte der Welt haben mit der einzigen Ausnahme, daß sie nicht König und Pair von Frankreich werden können . . .«, geht es jetzt fein und effeminiert zu. Diese Leute brauchen keine Holzkohle mehr, um sich die gamelle, den Henkelmann, warm zu machen.

Keine Bistros à filles mehr, diese Heimathäfen ganzer Trotteusengeschwader. Dank ihrer brauchten sie nicht auf der Straße zu stehen, sondern konnten in aller Ruhe und bei einem café crème auf Kundschaft warten. Und am Tresen verhandelte sich's besser über den Tarif als im Nieselregen. Damals erkannte man noch die charitablen Schwestern, die sich selber das Gebot »soulagez l'humanité souffrante« gegeben hatten, schon beim ersten Hinblicken am herausmodellierten Hintern, dem geschlitzten Rock und den hohen Hacken. Aber heute? Heute muß ich, wenn ich vor einem Café sitze, schon gehörig spannen und weiß doch erst genau Bescheid, wenn eine zum drittenmal vorbeidefiliert.

Ich habe Sehnsucht nach den kleinen Restaurants mit den Sägespänen auf den Böden. Nach dem Anblick der Fleckenschürze der Garçons, nach ihren Raisonnements, nach der Tristesse der ganzen Szene – dem Übereinstimmen von Empfindung und dem Sichtbaren – und natürlich nach einer guten Coquille St. Jacques. Den Wein kann ich mir hier kaufen – aber farcierte Muscheln ... Ich darf gar nicht an farcierte Muscheln denken!

Mein Paris – das ist immer wieder die Unterwelt der Métro, aus der die Geisterbahnzüge nur für kurze Strecken zur Fahrt über Tage auftauchen. (Durchs Algerierviertel um die Station Barbès-Rochechouart donnert die Métro als Achterbahn.) Damals hatte ich noch alle Stationen im Kopf, ich brauchte keinen Plan. Ich konnte die Stationen einer Linie hersagen wie die Liste der Propheten, die ich als Bub vor- und rückwärts herunterleiern mußte.

Souvenirs perdus? Sehnsucht zurück? Ja, immer wieder.

Mein Paris – das war »le goût de la vie« – »the best years of our lives«. Mein Paris war eine Messe wert. (Ob Sully, ehedem Minister Heinrichs IV., könnte er das Paris dieser Tage sehen, es noch einer Messe wert hielte?)

Mein Paris – aus und vorbei? Passé?

Manchmal, wenn ich gar nicht darauf gefaßt bin, gibt es Überraschungen: Grünweiße Stimmungen wie aus dem Renoirbild ›Boulevard des Capucines‹. Mitten durch den Verkehrstrubel des Rondpoint weht Schnee von Kastanienblüten. Oder ein ganz neuer Blick vom Norden her durch eine Straßenschlucht direkt auf Sacré-Cœur. Oder ein Eiffelturm, der sich aus einem graublauen Zinkdach heraus hochspreizt, und unten blinken – schieres Quecksilber – ein paar Seinewellen vor dem tiefen Samtschwarz der Bordwand einer sandbeladenen péniche ...

Paris verwirrt, macht ratlos. Ich bin, wenn ich »Paris« denke, zwischen Abscheu, Zuneigung, Liebe hin- und hergerissen. Wenn ich alles in allem nehme, erscheint mir der höhnisch grinsende Satan oben auf der Turmbrüstung von Notre-Dame das wahre Symbol für die Stadt zu sein, trefflicher noch als das Segelschiff aus dem Wappen oder das alte Auto meines Freundes Egon.

Und die Fotos, mit denen ich mich nach Jahr und Tag beschäftigt halte? Jetzt weiß ich, was mich antreibt: Der Wunsch ist es, die Schleier vor der Erinnerung zu lüften, ein paar Lagen wegzuheben, damit sie nicht dicht werden wie ein Grabtuch. Ich will mit *meinem* Paris leben.

Inhalt